遥 洋子

# 老いの落とし穴

GS
幻冬舎新書
606

# はじめに

私が父を見送ったのは25年以上前。母は10年以上前だ。ともに84歳だった。私は両親が歳をとってからの子だったから、当時、同世代に介護や看取りの経験者もなく、実にお粗末な介護経験だった。

私には遠い過去の物語であるはずのものを、今、社会の高齢化もあいまって、私の周りの40代から60代の女性たちが軒並み経験し、苦しむ声が届く。

電話で、面談で、講演で、ＳＮＳで。

それらから見えるのは、介護や看取りに関して、言葉では救いきれない根深いものがあるということだ。

だっておかしいじゃないか。懸命に介護した人間がなぜ、自責と後悔と釈然としなさを抱えて生きなければいけないのか。

どれひとつとして同じ介護はないけれど、だからといって個人の問題に帰することはできない。それらが個人の問題なら、なぜ、これほど嘆く人が大量生産されるのだろう。

私の知人で「穏やかに看取ったよ」と微笑んだのは、たった一人……だ。

多様な事情のぶんだけ、多様な感情があってもよさそうなものなのに、一人を除いて全員が、親の老後と看取りに関して後悔し、苦悩している。

99対1の割合で苦しむ人が多いなら、そこには何か共通する課題が隠れていないか。

親の看取りの前には、親の老後があり、老後の前には長い人生が横たわっている。すると、親の物語の重要登場人物である子としての自分がどう関わってきたか、が浮き彫りになる。

親の老後とは、目を背けず思考すると、自問自答する契機になる。

親の介護や看取りほど、自分の情愛や冷酷さ、身勝手さや弱さ、恋慕や未練を思い知るものはない。

また、親は二人しかいないのだから、親の老後から学べる機会は多くはない。せっかくだから、それらの貴重な経験から何かを得てみないか。

そこには、親が自らの命と引き換えに子に伝えたいと願う、大切なメッセージが隠れているかもしれないのだから。

老いの落とし穴／目次

## 第三章 人間の最期からわかること 109

DTP　美創

# 第一章 介護は死んだら終わり、ではない

## 介護に「後遺症」はつきもの

「家族に尽くすだけの人生だった母に、最後、ありがとうさえ言えなかった」

「もう頑張らなくていいと言ったら、逝ってしまった。私が死なせた」

「私、親孝行できたかな……。海外旅行に連れていったし。自分でもよくわからなくて、まだ泣けないんだ」

「点滴が辛いというのに、死ぬまで点滴させ続けてしまった。正解は何？」

「看護師がまだ死なないというから帰宅したのに、死んじゃったじゃない！　大丈夫だって言ったじゃない！　私、……帰っちゃったじゃない！」

死というものに慣れていない素人には、それが親などの大事な人の場合、看取りは人生最大の行事だ。でも大方、それは私の知る限り、失敗に終わっている。

結婚式や入社式、入学式などの人生の重要行事は他にもある。でも仮にそれらを失敗したところで、仕方ないよね、とか、あるある、と自分を鼓舞して前に進める。

でも看取りの失敗の立ち直れなさたるや、いかなるものか。目を覆うばかりに、彼女たちはその後の人生の風景が変わってしまっている。告訴に踏み切る豪傑《ごうけつ》もいれば、何年経っても亡き母の遺影を手放さない傷心の人もいる。

彼女たちに「いくら嘆いたって、もう死んじゃったじゃないか」という言葉は届かなかった。

「お母さんは、娘が自分の死後に裁判で闘うことを願っているだろうか」

と言う私に知人は、

「母の体調悪化を心配する私を、施設側は大丈夫だからと帰宅させたにもかかわらず、その後、対処せず放置して死なせた。母の体調はあきらかに悪化していたのに。無責任すぎる。こんな悲しみを他の人に味わわせたくないから、相手を痛い目にあわせる。だから訴える」

それくらいの悲しみなのだ。心肺停止の母親を、病院つき介護施設から、自ら救急車に乗せ、他の病院に運ばなくてはならなかった娘の悔しさはいかばかりだろう。

こんな悲劇はもう二度と繰り返してはならない、と涙ながらに剣を持って立ち上がるほどの怒りだ。

人生には、「もうっ」と腹を立てるレベルの失敗と、生涯立ち直れない失敗がある。介護を含め、看取りの失敗は後者だ。

いずれ死ぬと理解している。わかっていて、そのとおりになったのに、なぜそこに憤怒と失意があるのか。

それは私もまた看取れなかった娘として、そこで躓《つまず》いてしまい、その後に待つ墓参りや法事など〝逝った人〟のそれからの行事に、素直に足並みを揃えられないでいるから理解できる。

彼女たちを苦しめている「介護後遺症」。なぜ看取りの失敗くらいでそこまで苦しむのか。それはその前の介護期にすでに苦しみの種が蒔《ま》かれていたからではないのか。ではなぜ、介護期には納得や達成感ではなく、自責と後悔しかないのか。それは介護前の健康な時期の人生の関わり方からカウントダウンされたものではないのか。

看取りから介護までさかのぼって、「生きるとは何か」について思考をめぐらせたい。

## 死ぬ前にはシグナルを出す

看取りに関しては、〝運だ〟という人もいるし、ずっと意識がなく死との境界線が曖昧な人の家族にとっては、それほど重要ではないかもしれない。

だが介護期が長く、要介護者が苦しんでいる姿を見続けた人ほど、看取りそこなうという失敗は痛手を引きずる。

遠い他人なら、「亡くなったんだって」「そーなんだ」で終わらせることができる。

でも、それが親なら？

死には、いくつかのシグナルがある。

ああ、あれがシグナルだったのだ、と見落として、後で気づくこともある。

母との最期の夜。

「そろそろ帰るわな」

「車に気をつけて帰れ」

母はまた「明日、早く来てな」と頼んだ。

母は、それまでは夜遅くまで付き添う私に、うるさそうに「もう帰れ」と言った。

その母が、初めて「明日は早く来てな」と頼んでいた。

まず、私はそのシグナルを聞き落とした。

ただ、家に帰っても胸騒ぎがした。私は自分の身体から湧き出る、そのシグナルをも見落としてしまった。

心配で眠れず、朝一番に氷を口に、と保冷剤に氷にと早朝に準備していた。すると電話が鳴り、「死んだ」と家族から連絡があった。

死からだいぶ経っていた。病院から家族へはすぐ連絡が行ったそうだが、私の家族は大家族で私が最も年下であることから、連絡の優先順位が低く、死から1時間ほど経っていた。おそらく他の家族にいちいち事情を説明していたら、時間が過ぎたのだろう。

そこから、「死んだ」「へっ？」から始まる、終わりのない自問自答が始まる。

介護とは「その時」に向かって覚悟し、伴走する行為だ。ゴール時には走者がいない。いつの間にか、いなくなった。さっきまで手を繋《つな》いで走っていたじゃないか。路頭に迷う感覚といおうか。いつ私は母を見失ったのだろう。なぜ今いなくなると気づかなかったのだろう。深い森で大事な人を見失ってしまった感覚だった。

そんな私に、医療関係者は冷静に答える。

「実際、いつ死ぬか、医師でもわからない」

「危篤だと家族を集めたら死なず、死なないじゃないかと苦情を言われるから、死期は言わないようにしている」

「いつ死ぬかは、医療技術でなんとでもできる。娘の結婚式まで生きたいと言われたら、そうできる」

問うた医師の数だけ答えは違った。こと看取り対応に関しては、統一した見解があるわけではなさそうだ。医師の裁量ということか。

両親を見送った後、60代の若さで病気で逝ったある兄の死に関しては、その前日に看護師さんが窓口から私の背中に声をかけた。

「たぶん明日ですよ。そろそろの時に電話しましょうか？」

それは、まるで「たぶん明日にはケーキが焼きあがりますよ。電話しましょうか？」

くらいの軽さだった。

死へのド素人と、死が日常の医療関係者との間には、埋めようのない深い溝がある。

何が失敗かを知る手がかりとして、成功した知人の話が役に立った。

「家族皆に囲まれ、『楽しい人生だった』と言って母は息を引き取ったわ。医師ってすごいね。明日2時ごろ死にますから家族は集まって、と言われて集まったら、2時15分に死んだわ。私も死ぬ時は、あの医師にかかりたいわ。おかげで家族が誰も泣かずに看取れたよ」

後にその知人に聞いてみた。

「お母さんの死は辛くはないの？」

「ん？　辛くないよ。ただ、いないから寂しいだけ」

看取りを失敗した人なら、床を転げ回りたいほどの嫉妬にかられないか？

私はそれを聞いた時、うらやましさで気絶しそうになったのを覚えている。

## 看取りの〝その時〟が大事な理由

いまだに墓参りに拒絶反応が出る私や、これから何年も続く裁判で闘う知人、ずっと遺影を抱きしめ暮らす知人。私も含め、ある意味、皆壊れてしまった。

「明日2時に死にます」と言える医師が一人でもいるならば、それは可能だということではないのか。

「わからない」と言う医師も、「なんとでもできる」と言う医師も、「クレームが面倒だ」と言う医師も、全部、医療側の主観を述べているだけだ。

ある人間の死が、別の人間の一部分を死なせ、その部位を切り捨てることもできず、後生大事に抱え続けることになる。そんな人間を量産していることに気づいてもらえないものか。

大切な人の死は、それを大切に思う、別の人間も殺すのだ。肉体的に殺すのではなく、心の奥深くのここだけは絶対譲れない良心めいたもの、自らが生きてよしと確信できる善なるものの精神を壊す。

「いい人生だった」とか「眠るように逝った」とか「最後は穏やかだった」とかのよく

聞く言葉は、看取る側が自己を免罪できる表現だ。

「へっ？」で看取りそこねた娘たちは、どのように死んだのか知らない。見ていない。わからない。

心の準備もできていないのに、死んだという事実だけで、人は大切な人の死を受容できるだろうか。「へっ？」というフリーズ状態が、生涯続くと言っていい。

だいたい働く女性というのは、一緒に過ごす親孝行というものをする時間がない。元気な時代でも親を放っている日常に常時、呵責《かしゃく》の念があるにもかかわらず、いざという時にまで側にいてやれなかった自分への許せなさといったら。

「へっ？　まだ、さようならを言ってないけど？」という別れは、医師たちの思う以上にダメージを与える。

看取り看取りというけれど、逝く人は苦しくてそれどころじゃない、それは見送る側の自己満足に過ぎない、という意見もある。

看取りは、逝く人のためにあるのではない。これから生きる人のためにあるのだ。

## 残された者にとっての救いの言葉

最近、私が腸炎で入院した時のことだ。

私の様子を見に部屋に来た胃腸内科の医師に聞いたのは、母のことだった。

「私の母は、腸閉塞で入院中に死にました。なぜ死ぬのですか？　治療は無理だったのですか？　検査は痛いですか？　どんな苦しさですか？　どんな場合に助かり、どんな場合に死ぬのですか？」

数時間にわたり質問した。

「お母さまは最近、逝かれたのですか？」

「いえ。10年以上前です」

「10年……！」

その医師の驚き方で、私は時が止まったままでいることに気づかされた。まるで昨日死んだかのように聞こえたのだろう。医師は根気強く答えてくれた。高齢者の腸閉塞はCT検査でも見分けるのが難しいこと。その理由。どれくらい苦しいか……。

真実を知るごとに、癒されていく自分がいた。

一番知りたいことを最後に聞いた。

「死ぬ時、苦しみますか？」

医師は答えた。

「苦しんでも、一瞬です」

「そうですか」

その一瞬を見そこねた私は、その一瞬を思い続けて10年以上が過ぎた。

医師は私の腸を治療してくれたが、私の中で壊れたままになっていた心の部位も、少し治してくれた。

肉体の死は10年前だが、母という人間の物語はその10年後、ようやく最終章が私の中で垣間見られた。

……長い寝たきりの後、ちょっとだけ苦しんで逝った……。

それが、母の物語のどうやら最後の一行だ。

## 老人の感情を平気で否定する人たち

通いでの寝たきりの介護とは、手持ち無沙汰なものだ。介護保険制度により身体介護はヘルパーさんがやってくれる。私は母の側にいて肩を揉む、湿布を貼る、ということくらいしか、することがなかった。あとは、じっと要介護者と共に時を過ごすのだ。

自分の家ならば帰宅したら服を着替え食事をとり風呂に入り明日の準備をするといった、やるべきことがたくさんある。でも通い介護というのは、ただじっとそこにいる。時間を提供するのが介護だ。

この時間が短時間だと、介護とは言わず〝お見舞い〟になる。

介護とは自分の人生の時間をどれほど要介護者と共に過ごしたか、ということなのだと感じながら、ただ私は寝たきりの人とじっとそこにいる。シーンとした中、母の肩を揉む私に、母はよく人生を嘆いた。

「お母ちゃんは不幸やった」

たまに、そこに居合わせた兄たちは皆、口を揃えて言った。

「お母ちゃんは幸せだ。自分がいかに幸せか、わからないのだ」

この会話に、私は母の不幸を見た。今ここにある不幸とは、自分に共感してくれる人や関心を持ってくれる人がいないこと。自分の感情を否定されること。自分の訴えを、他者がないものとして説得しようとすること。

感情が、説得できるものと信じて疑わない人たちがいる。驚くべき発想だ。

幸せか、不幸かは、本人が決める。本人がそうだと言ったら、そうなのだ。いったい、いつ兄たちは母の気持ちを代弁できると勘違いしたのだろう。

逆に、他人を指して、あれはかなり不幸だろうなぁと想像しても、本人が幸せだと言えば幸せなのだ。勝手に憐れむなと振り払うことと、不幸だと叫んでいるのにそれは違うと抑え込まれるのと、どちらが苦痛かは言うまでもない。幸せな人は他人からどう思われようが幸せで、誰にもわかってもらえない不幸は、より孤独な不幸になる。

あなたのことは、僕たちのほうがよくわかっている。ということは、母は自らの人生の当事者ですらない、というのと同じだ。

「お前たちを産んだけど、幸せじゃなかった」

「僕たちがいるから、幸せなのだ」

これをかみ合わない会話という。

兄たちの幸せの基準はというと、母は子だくさんで幸せだ。子が一人も欠けることなく育ち、幸せだ。お金に困らず暮らせ、孫もでき、長寿もできた。これ以上何を望むのか、というものだ。その基準は、世間でそれがあれば幸福だと認定できる物差しとして昔からある。

世間の物差しを少しも疑わない人たちは、看取りそこねても、長生きできたから「大往生だ」となる。

社会とはよくできたもので、人が思考せずとも前もって回答が作られている。自分の目で見たものを深く思考せずとも、社会ではそれが幸せといわれているから幸せ、と決めつけるのだ。世間の物差しで生きたら、死ぬまで思考停止で生きられる。

いったいぜんたい、目は何を見、耳は何を聞くのか。表情が語る言葉にならない言葉は、何を語ろうとしているのか。それらを遮断して、生きている、と言えるのだろうか。

あなたは幸せだ、と相手を黙らせる人たちは、私に言わせればとっくに死んでいる。目も、耳も、感性も、とうの昔に死んでしまって機能していない。

自分の目で見て、耳で聞いて、見えない聞こえないものは感じとって生きるなら、終わりのない思考が始まる。世間の物差しではなく、自分の答えを導き出そうとしたら、思考の作業は生涯続く修行のようなものになって、自分の精神世界に根づく。

この面倒くささに耐えられない人が、世間の物差しで「大往生だった」「で、次の法事はいつ？」と前向きに生きられる。お経は思考停止の合唱訓練だ。

## 死にゆく者の絶望をどう受け止めるか

母は私と二人きりになると、必ずと言っていいほど人生を嘆き、呪った。

夕暮れ、シーンとした中、母と娘がリビングにいて、あるいは母はベッドにいて、もう弱った声帯から絞り出すような声で、それでもこれだけは娘に訴えたい、という強い思いで、母は何度も口にするのだった。

「生きていても、なんもいいことがなかった」

そして続けた。

「人生もう終わりや。しょーむな」

その絶望を、私はただただ聞いた。兄のように母の実感を否定しない。でも、「そのとおりだ。ロクでもない人生で残念だったね」と言うのも悲しい。人生そのものを後悔する一方で、残された時間がない人には、もう何を言っても手遅れなのだと思った。

言葉では救済できない、しくじりというのがある。「こういう見方をすればハッピーかもよ」的アプローチは、介護期には不適切だ。見方や感じ方を提案できるのは、人生の時間が豊富に残っている人に対してだ。私たちは大きすぎる嘆きに対しては、アプローチする言葉を持たない。あまりの不幸に「言葉が出ません」というコメントがある。我々は言葉の限界を知っている。

母は私のことについても嘆いた。

「結婚せんのか」

「せん」

「せっかくお稽古事をたくさん身につけさせてやったのに、いい結婚ができたのに、全部ドブに捨てやがって」

「洋子は今が幸せや」

「……」

自分の結婚を呪う母が、娘の結婚を願う。あなたはいったい、その目で結婚に何を見たのか。世間の物差しは、こうも思考を奪う。

墓参りも法事も、家族と歩調を合わせられない私にとって、母はまだ死んでいない。肉体はないけれど、「生きていても、なんもいいことがなかった」という介護期の言葉は、兄たちには届かずとも、私の中で母が生き続ける契機になった。

あなたは何をしくじったのか、ではどうすれば「よい人生だった」という言葉が吐けただろうかと、私は思考を続けている。

その思考は常に自分にも投影され、お前は今幸せか？　とも問い続ける。

おそらく宗教が持つ死後の世界観もまた、人を救済するためにある。天国に行ったという、あるかないかわからない物語を信じることで、思考の闇に陥らずに済む。

思考停止とは救済であり、感性の死でもある。

## 本音を言われて怒る人に共通するもの

　ある日、ある兄嫁が私に聞いた。

「洋子さん。どんな時にウキウキする？」

「ウキウキ？　そうねぇ。感動した時かな。韓流ドラマとか中国ドラマでとんでもなく魅了される役者がいる時や、宝塚もそう。魅了してくれるスターと出会うと、ウキウキするよ。韓流スターのファンミーティングで一緒に写真撮った時なんか、眠れないほど興奮してウキウキしたよ。人の魅力がウキウキの原点かな」

「洋子さんは芸術的なセンスがあるから、そういうことにウキウキできるんやね」

「お姉ちゃんは、どんな時にウキウキするの？」

「ウキウキすることがないねん。それが悩みやねん。だから洋子さんはどんな時にウキウキするのかなって聞いてみたかった」

　その会話を聞いていた兄が妻に突然、怒った。

「それどーゆー意味やねん！」

　兄は妻がウキウキしない人生だと吐露したことで、自分を否定されたような気持ちになったのだろう。ならば、兄も関心を持って聞けばいい。

「では、どんなことで君はウキウキするの?」と。

だが母の不幸を否定できる感性は、自分の妻のウキウキのなさも「そんなはずがない」と否定できる。

いや、だから、ウキウキしないと本人が言っているじゃないか。なぜ言葉が届かないんだ。

歴史は繰り返されるというが、「あなたと一緒に生きてきても幸せを感じない」という世代を超えた女たちの声を黙らせることで、とっくに自分は死んでいるということに、兄自身が気づいていない。

ひょっとして私、不幸かも? と自らに問える兄嫁のほうがよほど、生きている。

つまりは、立ち直りが早い人とは、立ち直る必要がないほど、とっくのとうに死んでいるのだ。

## 人は生きる上で物語を必要とする

「実は泣けない。母が死んだというのに泣いていない。私、親孝行したよね。海外旅行に8回も連れていったから。自分では、よくわからないんだ。私、孝行したよね。8回だよ海外……」

葬式も済ませ、数か月経っても執拗《しつよう》に私に尋ねる、私の幼馴染《おさななじみ》だった。

彼女の母も、誰にも看取られず逝った。家での異常に気づけたのは、監視カメラで動かない母親を見つけたからだった。

さて、一人で生きて一人で逝った母親は、幸せだったのか不幸だったのかわからない。大往生なのか事故なのかもわからない。別れの言葉も交わしていない。見ていないし居合わせていなかったから、母親からの最後の言葉も聞いていない。

で、自分が親孝行だったか否かもわからない。

わからないから、泣けない。

看取りそこねたら、そこで時が止まり、精神の大切な部位がぶっ壊れることもあるが、彼女は感情がフリーズしたまま、時が止まった。

彼女は、いわゆる世間の物差しで生きている。いい会社に入り、いい夫を得、バブル期にはブランド品も揃えた。親を旅行に連れていくのが親孝行、という物差しがある。それも海外に8回だ。世間の物差しでは、これほどの孝行娘はいない。それを確信したいがために、彼女は何度も口にした。

「8回も海外に連れていった。でも、わからない。母を一人で死なせたから……」

物差しとしての親孝行は、その基準が世間にある以上、母親本人の価値基準は問うていない。もちろん海外旅行は楽しいはずだ。だが、本当に母親が娘に願ったものや高齢期に欲したものは、母親本人でないとわからない。肝心の母親の証言がないのだ。

合格点をもらえる高齢期だったか否かは、今ではもう藪《やぶ》の中だ。

3歳児が親の死を理解できずキョトンとしているように、いい歳をした大人が、その親の死の意味を理解できずにいた。

世間の物差しで測ると、一人で死なせたし、誰も駆けつけられなかったし、これは不幸な死かもしれない。でも、その世間の物差しでいう親孝行のパターンはこなした。

はて、本当のところは母親の人生はどう評価でき、その重要登場人物である自分はどう評価すべきか、わからないから止まったまま、ということのようだ。

私は幼馴染ゆえによく知る家族の物語を、私なりに語ってみた。

「あなたの母親は、若くして夫を亡くしてから女手ひとつで子供たちを育てあげ、大学も出した。子が成長し家を出てからも、一切子を頼らず仕事に生きた。老いてもなお仕事をし続け、自立した人生を送った。彼女は誰にも頼らなかった。体調が悪くなり、自分でベッドに向かった。そして、ちゃんとベッドに到達し、その姿のままうつぶせで亡くなった。あなたは、世間でいう、ちゃんと皆で布団の上でお別れする看取りをしたかっただろうけど、あなたの母親は彼女らしく前向きに倒れた。生きる時も前向きだったし、死ぬ時も前向きだった。あとちょっとでベッドなのに、残念なことに床で倒れた、のではない。ちゃんと彼女が望む場所に到達できた。なんと彼女らしい逝き方じゃないか。生きる時も死ぬ時も前向き。彼女にはうつぶせ死が似合う。最後までかっこいいじゃないか。神様は最後に大きなプレゼントをお母さんにくれたね」と、友達の母親の人生のまっとうを祝福した。

すると、幼馴染は泣き出した。

「お母さん、かっこよかったんや。うつぶせで死ぬなんて、と、思っていたけど、かっこよかったんや。初めて泣いた」と言って、涙を流していた。

この試みは、私が母を亡くし、立ち直れずにいた時に、母を診てくれていたヘルパーさんにしてもらった物語づくりを真似たのだった。

介護不合格。看取り不合格。孝行娘不合格。そんな私に、ヘルパーさんが言った。

「あなたは、いつどこにいても頭から親のことが離れず、辛かったでしょう。確かにお母さんは忙しいあなたよりも、側にいるお嫁さんのほうを頼りにしていた。でも、あなたは、あなたでないとできない親孝行をした。あなたがテレビに出ている時のお母さんの晴れがましい顔を、私は見て知っている。他の娘さんにはできない親孝行を、あなたはしてきた。それはお母さんの表情が物語っていた。それを見てきたから、私は言える。だから、もう泣き止みなさい。これからは自分の人生を歩みなさい」

このヘルパーさんの言葉がなければ、私は私を許せないままだっただろう。

この言葉を真に受けて、ならよかった、と安堵するほどお人よしではないが、最低最悪の娘ではなかったようだ。ひとときでも、私が娘であることで母親に喜んでもらえる瞬間があったようだ。私が知らないだけで、と自分を慰められた。

## 看取れなかった者たちの嘆き

仕事する娘ほど、「で、親孝行だったか？」という自責に苛《さいな》まれがちだ。出世と親孝行は残念ながら両立しない。親は子に自由に好きに生きてほしいと願う。では、と社会に羽ばたき、のびのび仕事していたら、側で親孝行する時間はない。

社会で仕事をするという自己肯定感は常に、親孝行する暇がないという自己否定感とコインの裏表だ。

キャリアウーマンの幼馴染の「私、海外旅行に8回も連れていったから、親孝行だよね」という執拗な訴えの背景には、そういう事情がある。まして高齢期や介護期になれば、仕事する娘は親不孝者しかいなくなる。介護離職でもしない限り、側にいてやれないのだから。

嘆く女性の大量生産は、それだけ仕事をする女性が増えたということでもあり、仕事をしつつも世間の物差しはちゃんと持っていて、「私、親孝行できてる？」と常時問うているのだ。日頃の自分のやましさを救ってくれる最後のチャンスが、看取りだ。

そのチャンスを逃した時、仕事する女性ほど、親不孝者だったという結末になる。

元気な時も、介護の時も、看取りも、全部、側にいてやれなかったじゃないか、という絶望的親不孝娘の完成版だ。

だから、嘆く女たちは、その言葉がほとんど同じだ。

「帰っちゃったじゃないっ」とぶつけようのない怒りを口にする。

「帰ってしまったんだ。帰ってしまったんだ」といつまでも繰り返す。

ちなみに10年前の私は「帰ってしまったあああ」と叫んで、床を転がった記憶がある。

## 子が親に罵声を浴びせる時

母娘は、ぶつかる時は容赦ない。私も母には、この上ない罵声を浴びせてきた娘だ。

執筆する娘に対し、母は言った。

とても苦労をし、不幸な人生を送ったこの母を本にせよ、と。

私は瞬時に激怒し、こう返事した。

「書いてあげるよ。せっかくもらった人生を、辛抱して辛抱して棒に振って死んでしまったバカな女がいた話をね」と。

母親のことを〝バカな女〟と私は罵《ののし》ったのだ。

介護期に及んでまだ、不幸に甘んじている、その生き方に腹が立った。

なぜ幸せになろうと努力しなかったのか。結婚してダメだこの男と思ったのなら、逃げればいいじゃないか。子を産んで、こりゃ幸せじゃないわと思ったのに、なぜ産み続けたんだ。

世間の物差しどおりに生きて、こりゃ世間に騙《だま》されたなと気づいてもなお、その物差しで生き、ああ不幸だ、ああしょうむない人生だった、と嘆く毎日で、じゃあ前向きに、どうすれば少しでも楽しいか、どうやったら幸福感が手に入るか、と努力せず、何十年と愚痴ばかり言って、一切何も解決しようとしない。

そしたら、もう死ぬ時が来ちゃった。

こんな誰も救われない話、書けるわけがない。読んでも誰も幸せにならない。

あなたが不幸を選ぶのは、不幸に執着するのは、それが楽だからだ。でも、あなたはそのことで周りの人間まで不幸にしたい。皆に泣いてほしい。自分の代わりに皆に地面を叩いて悔しがってほしい……。

いったいどこまで他人《ひと》事《ごと》なんだ。自分の人生を他人に嘆かせて、それで救われるか？

何も挑戦しなかった。何も努力しなかった。ただ不幸で居続けた。そんな本書けるか。せっかく生まれたのに、人生は80年もあったのに、ずっと不幸を選び続けてきた。それを、私はバカと言いたい。

これら毒舌の背景には、母には幸せになってほしかったという切なる願いがある。

「なんで私を産んだんだ！　とっととオロシて、この家から逃げればよかったじゃないか！」と責めた。母が不幸だと嘆く度に、自分が産まれてきたことを呪ったし、親を幸せにできない自分が嫌いにもなった。そういう自覚ができない母をも憎んだ。

それを本に書け、と言うのだから、どの口でそれを娘に言えるのか、と怒りが沸点に達してしまった。

母娘のこういったドロドロ喧嘩は、実は珍しくない。

## わかり合えない親子は、介護期になってもわかり合えない

「お母さんがね、喧嘩になって怒って部屋に閉じこもる私の名を呼びながら、ずっと歩いてくるんだよ。私の名を呼びながら。いつもは寝たきりのお母さんが、廊下を歩いてくるんだよ」

母親を亡くした後に友人から聞く、切ないエピソードだった。

喧嘩の原因は、長年、その性格の合わなさから距離を置いて生きてきた親子が、介護を機に共に過ごす時間が増えたことにある。だが、やはりまたぶつかり合い、母親に、母親失格の宣言をし、娘は部屋に立てこもったのだった。

母親は、娘の提案する医療をことごとく拒絶した。だが、病は母親を苦しめる。見かねた娘は必死で説得するが、母親もまたそんな娘を責める。娘にとって介護とは、死ぬまで続く喧嘩の連続だった。

健康な時なら単なる親子の対立だが、ほぼ寝たきりになった時、母親は子の名を呼びながら、子を案じて歩いてくる。名を呼び続けられた子は、いつも泣きながら、このエピソードを私に語るのだった。

後日、彼女の家に行く機会があった。

母親が、どこからどの部屋に歩いたのかを聞いた。

そして、自分がその母親になった気分で、その家の廊下を歩いてみた。

大きい家で、長い廊下だった。

この廊下の端から端まで、寝たきりの高齢者が歩く。娘の名を呼びながら。

弱った身体の人がわが子を思い、通じ合えずとも、情愛が母親を立たせ、歩かせる。

いったいぜんたい、母親とはどういう生き物なのだろう。

自分が産み育てた娘と通じ合えない時、こんなに愛しているのになぜか娘は激怒し、自分を罵る。私も彼女とまったく同じ行為を自分の母親にしてきたから、怒鳴る娘の気持ちは、手に取るほど理解できる。

私は彼女の母親の想いを経験してみたいと思って廊下を歩いてみたが、親の気持ちというのが、まるで炭で塗りつぶしたようにわからないのだ。

自分の親だと激怒してしまって冷静になれないが、他人の親なら親心というのが片鱗でも理解できて自分も救われるのではないか、と歩いてみたが、やはり独身女には親心というのがわからず、新たな哀しみだけが残った。

私にわかるのは、幸せになってほしいのに、そう生きてくれない親への悔しさ。

大切な人なのに、いつも感情的になってしまい、優しくできない自己嫌悪。

あなたの望む娘じゃなかったことへの申し訳なさ。

悲しさが、怒鳴らせる。悲しいほどに大声で怒鳴らせる。そんな娘の気持ちだけが、わかる。

互いに理解し合える母娘というのもいるだろう。友達のような仲のいい母娘もいる。そういう人たちの介護期を私は知らない。私や友人の経験では、わかり合えない母娘は、介護期になってもわかり合えないということ。喧嘩は日常なのに、相手が高齢弱者になると、怒鳴る自分を責め、また苦しむということ。

介護期とは、もうあまり時間がないということで、そこで子たちはなんとか関係性を修復して、よい介護期を過ごせないか挑戦する。

だが残念なことに、どれほど親が老いても、関係性はかつてのままで、我々は変わらないし、変われないのだ、という新たな失意を実感する時間でもある。

元気なころも、病んだ高齢期も、母と娘は手を握り合い、理解し合うということはない。その上で関わり合うのが介護だ。

介護期とは、〝仲のいい母娘〟というのが白昼夢であると、再認識する期間だ。

## 第二章

# 老いの落とし穴

## 死ぬのを待つだけ、は残酷

私の両親は、自宅介護を経て、見送ることになった。

あまたある反省点から、贖罪《しょくざい》の旅のように高齢者たちとの時間を作るようになった。といっても、それまでは中高年だった方々が高齢になっただけのことで、昔からのおつき合いのある方々の高齢期を目の当たりにする機会があったということだ。


歌舞伎好きの80代の男性とよく観劇した。京都南座の帰りには料亭でご馳走を食べ、粋な一日を過ごしたものだった。日頃は家業を継続し、仕事を続ける理想的な高齢期の姿だと思っていた。

だが家で転び、それを機に老人ホームに入ることになった。ご家族の判断だった。

ホームに行くと、折り紙やお習字に囲まれて、男性はいた。

「楽しいですか？」

「楽しいことなんかない」

「いじわるする入居者はいませんか？」

「おる」

そう言って、少し動かしにくい手でお茶を飲む姿に、ああ軽い脳梗塞の後遺症だなとわかった。何度か通ううちに半身マヒが進行していった。でも気丈に歩行器を使って、エレベーターホールまで見送ってくれた。

朝起きたら、ロビーでずっと皆と一緒に過ごす。じっとテレビを見ながら、日がな一日を決められた椅子で過ごす。そして各自の部屋で寝る。

なんと穏やかで静かで、退屈な人生だろう。そう思った私は、その男性を施設から連れ出し、歌舞伎に車椅子で連れていった。トイレ用員に屈強な男性も同行してもらった。

観劇前に「施設に入る前、次は勘三郎さんの中村座歌舞伎に行きましょう、と前回の観劇後に約束したのを覚えてますか？」と言うと、

「ああ覚えているよ」

「覚えていたんだ。じゃあ、待っていましたか？」

「待っていた」

「じゃあ約束を果たせてよかったです」

長い一日を歌舞伎で過ごした後、帰りには大阪城の向こうの夜空に見事な満月が出ていた。それを見た男性は、

「満月きれいやなぁ。今度はいつ歌舞伎に来れるかなぁ」

と言った。

「また来れるといいですねぇ」

と返事した。

一日を過ごしてわかった。もう外出は無理だった。誤嚥《ごえん》の可能性があり、何度もドキッとしたし、長時間の座位は苦痛らしく、車椅子をギコギコ鳴らしながら、何度も体勢を動かしていた。

長時間の同じ姿勢は、高齢者には関節痛や血行障害などを引き起こす危険があった。たった一度転んだだけで、高齢者はそこから、かように弱るのだ。それはもう、階段を転がり落ちるように。

また老人ホームに見舞いに行った。

もう喋れなくなっていた。弛《し》緩《かん》した表情でいつもの椅子にじっと座っていた男性は、私の顔を見るとニコニコ笑った。その歯には食べ物のカスが張りつき、口腔ケアの頻度が低いことがわかった。

会話ができないので、私だけがずっと喋った。男性はニコニコ笑うだけが交流だった。

この男性の趣味は、折り紙でもお習字でもない。歌舞伎観劇と料亭めぐりなんだよっ、本当はもっとお洒落でダブルのスーツとスカーフが好きな恰好なんだよっ、ジャージじゃないんだっ、と施設に訴えたい気持ちを飲み込み、帰宅した。

そして、後にご家族から亡くなったと教えていただいた。

ご家族にも事情があろう。私も娘ではなく他人だから、介入しすぎもいけない。だが、高齢期は死ぬのを待つ時間でいいのか。一個や二個の病気や障害があっても、寝込むしんどさや、薬で抑え込まなきゃいけない痛みがないのなら、命が終わるギリギリまで、もっと人生を楽しんではいけないか。

死ぬのを待つという生き方は、残酷に思えてならない。

## 老人が食べなくなるのは、食事がまずいから

若い時からお世話になったお稽古事の師匠も80代だ。両足を人工股関節にしてから、めっきり弱ってしまった。歩ける足になったら、長期入院のために歩く体力がなくなった。立派なお屋敷には石畳の階段があった。

転ぶといけない、と家を出なくなった。

お稽古事のために東京大阪間を着物姿で闊歩《かっぽ》するエネルギッシュな師匠が、家でじっと折り紙を折る人生になった。弟子に指導することもないから、声も出なくなった。

毅然とした姿勢と人を圧倒する張りのようなものは消え、私を見ると、甘えてすがるような話し方になった。風呂場で軽い脳出血で倒れてから、呂律《ろれつ》も回りにくくなった。食事量もめっきり減った。師匠の夫は昔から身体の半分が不自由だったが、夫がスーパーに買い出しに出かけ、妻が料理する、という限界集落ならぬ、限界高齢夫婦だった。

毎日何を食べているのか聞いた。朝はトースト半分とコーヒーだけ。昼は夫がスーパーで買ってきた弁当を半分だけ。夜はご飯とおかず一品くらい。栄養失調コースだった。

「イタリアンレストランに行って、コース料理を食べましょう。そして、日帰り温泉に

行って帰りましょう」と誘った。

全身が弱ってしまった健常者の高齢者と、とても元気な障害のある高齢者とを連れた日帰り旅行だ。

二人ともお洒落して、喜びを隠せないでいた。

「まあ嬉しい」とご夫婦が私の車に乗り込む、はずだった。

まず、夫は身体の半分が不自由なので、片足を上げて車に入る、ということができなかった。

動かないほうの片足は、動かないのだから上がらない。

動くほうの足を上げようもんなら、軸足が不自由なので転ぶ。

……いったい、どうやって車に乗せたらいいんだ……。

汗だくで夫に座ってもらうことができた。師匠は、と助手席を見て驚愕《きょうがく》した。

車の乗り方を忘れていた。座面に四つん這いになって這い上がろうとしていた。

座り方がわからないのだった。

「師匠。着物の時と同じです。座席にはおしりで座るのです。手や足ではありません。

おしりを座席に乗せてください」と言うと、「ああそうだったわね」と座るなり、そのまま運転席のほうに転がって倒れそうになった。胴体を支える筋力も、弱っているのがわかった。

後頭部を支えて向きを変え、やっと進行方向に高齢者たちが座ることができた。

ハンドルを握りながら、私は不安でならなかった。

レストランに到着したら、私はまず車から師匠を出すべく、脇を抱えて立ってもらい、座位から立位になる不安定さは杖を持ってもらい、その姿勢を維持してもらった。なんせ、これから夫の大仕事が私にはある。

後部座席の夫のほうは、何をどうしても車から引っ張り出すことができなかった。半身に力が入らないと、片足を車から地面に置き、体重移動をして両足で地面に立つ、ができないのだった。

両手を引っ張って立たせようとしても、片腕は関節ごと固まっているので、不用意に引っ張ると脱臼《だっきゅう》の危険があった。腰ベルトを摑《つか》んだり、胸ぐらの服を摑んだりして、ようやく車外に出すことができた。

私はきっとその時、顔面蒼白だったと思う。だが、高齢者たちの表情は輝いていた。店に入るまでのほんの数メートルに、高齢者にとっての危険があった。砂利道、段差、扉の敷居。駐車場からテーブルまで、命がけで歩いた。

「無理して食べなくていいですよ。ピザや肉が出ますから、残してください」と始まったフルコースメニュー。

食欲がなくめっきり食べられなくなった、はずの高齢者は、前菜、肉、25センチのピザ一人一枚、デザートのパンナコッタまで、すべてを残すことなく食した。

「おいしいわぁぁぁ。お父さん」と師匠が言い、「おいしいなぁ」と夫もご機嫌だった。うそ。全部食べた。

ミドルサイズのピザ一枚だぞ。その前は肉だぞ。

高齢者は食が細い、は嘘だと確信した。じっと家にこもり、身体を動かさず、毎日毎日何も起こらず、行くスーパーはいつも同じで、弁当も同じ。若い者でも、食は細るだろう。

おいしいものを提供したら、高齢者だって食べるのだ。

食事は和食しか喉を通らない、と言い放っていた師匠だった。それがどうだ。イタリアンフルコースをたいらげて満足そうだった。

## 命がけでも、老人は温泉に入りたいのだ

次は温泉だ。

温泉の駐車場で四苦八苦して高齢者を車から出す様子を、シャトルバス待機中の運転手の男性たちが「あーあーあー」という表情で痛ましそうに眺めている。

じゃ、助けてくれよっ、と言いたかった。

男風呂はついていけないので心配だったが、風呂はいつも自力で毎日入っておられるわけだから、そう心配はしなかった。

師匠はというと、若いころからよく温泉などご一緒してきた私としては、今は岩風呂

にも平坦なタイル床にも危険を感じて、結果、ずっと脇を支えての温泉体験になった。昔、師匠の太ももは鍛え上げられていて、私の太ももよりも太かった。その太ももから筋肉が消えていた。でも、食べすぎたイタリアンで胃の不調を訴えることもなく、満腹感が生命力となって表情が凛々《りり》しく変化した。

通常、女性の風呂のほうが長風呂になりがちだ。

急いで上がり、夫をロビーで探したが、いない。待つ間、師匠には喫茶店で冷たいものを飲んでもらい、私はフロントに助けを求めた。

「男風呂をのぞいてほしい。身体が不自由な高齢者がいるはずなので」

もう風呂に入ってから、2時間は経っている。師匠は心配そうに私から視線を外さないで、じっとフロントの様子を見ていた。

「今、男風呂をのぞいてもらってますから」

師匠は「お父さん、何かあったのかしら」と生きた心地のしない様子だった。

フロントマンが報告に来た。

「ゆっくり着替えていらっしゃいましたよ」

後に、にこやかに夫が合流した。

「いやいや、待たせて申し訳ない。服がほら、一人では脱げないから。片手が不自由だから、カッターシャツのボタンが片腕しか開けられないんだ。だから脱衣所にいた男性に事情を言って、ボタンを外してもらおうとしたんだけど、その男性は耳が聞こえなくってね。だから服が脱げなかったんだ」

師匠は思い出したように言った。

「そーなんよ。お父さん、服が脱げないのよ」

なんでそれを私に言わないんだ、と椅子から落ちそうになった。それより、なんでボタンが開けられないのに、カッターシャツという袖も前も首もボタンだらけの服を、それもすべてのボタンをしっかり留めて温泉に来たんだ……。

「温泉は久しぶりですか」と聞くと、夫が「むかーしに、一度、温泉の湯船で溺《おぼ》れかけてね、それ以来、久しぶりなんだ」。

「溺れる？」

「そう。だって半身に力が入らないから、湯船でうっかり滑った時に、そのままお湯の中に寝転ぶように沈んでしまって、自分の力で起き上がることができなくてね。寝転んだまま溺れて死ぬところを、他のお客さんが気づいてくれて、それで助かったんだ」

それを聞いた私は、自分がなんと危険なお誘いをしてしまったか、と戦慄《せんりつ》した。

「ベルサイユのばら」でオスカルが戦線でアンドレに叫んだ言葉を、私もまた心で叫んだ。

「なんでついてきたんだーっ！」

だが、夫は違った。そして、私にこう言った。

「こんなこと言いにくいんだけど、よかったら、また連れてきてもらえないだろうか。温泉」

## 本当に老いると、自分の老いに気づかない

途中、師匠の指先がほぼ割れて切れていることに気づいた。

「洗剤にかぶれてしまって」と言う。

「ゴム手袋は？」

「手先の感覚が鈍って、食器を落とすのが怖くてね」

「わかりました。薄くてフィットするゴム手袋を送りますね」

もっと必要なものがある。夫には、マジックテープで脱ぎ着できる衣類が必要だ。

もっともっと必要なものがある。古い大きな木造建築にはトイレと風呂場にセンサーつきヒーターが必要だ。クリアできたはずの外出を邪魔するすべて。守れるはずの皮膚。

家が老いのサイズに合わず、家が危険になる。身体を守るはずの家が凶器になる。まんまと怪我や病気になり、暮らしそのものが委縮していく。

脱衣所にヒーターさえあれば、脳出血など起こさずに済んだかもしれない。

石畳をスロープに変えれば、ここまで家にこもらずに済んだし、弱りもしなかった。

家事が辛くなければ、もっと料理に前向きになれた。全部の指先が切れたら、そりゃ料理が苦痛だ。

わかったことは、老いは、自分のどこが老いているのか、本人が気づかないことにあるということだ。

老いたから、食欲が落ちるのではない。食事がまずいから落ちる。おいしければ増える。

老いとともに、身体の不自由さが増すほどに、環境を老いに合わせて変えていかなきゃいけない。

環境が凶器だと高齢者は身の安全のために、こもる。籠城《ろうじょう》するように家から出ない。

その半面、高齢者は楽しみたい。

溺れて死にかけた温泉でも、誘ってくれ、と口に出せるほど、人生を楽しみたいのだ。

老人ホームにせよ自宅にせよ、そこが安全だからそこにいるだけでは、ただ弱って死ぬのを待つ老後になる。

何度も高齢者を殺しかけて冷や汗をかいたが、彼らは「次、いつ歌舞伎見れるかな」と言い、「また温泉に誘ってほしい」と言う。

「いやぁ。私、こんなに食べれたわ」と満面の笑みになる。

## 親孝行は罪滅ぼしのためにある

私は彼らの娘ではないから、これ以上深入りはしない。

それぞれに、ご家族がおいでだ。

ただ、老いてなお、彼らは人生を楽しみたいと願っている。それを邪魔する老いを気づかせないのが、老いの厄介なところだ。

私は彼らをお誘いした翌日は、必ず寝込む。神経の疲弊たるや半端ない。でも不思議なことに、苦痛はまったくない。人生を楽しもうとする高齢者に対し、それぞれに孝行させてもらえる喜びが大きい。

高齢者には二パターンあり、楽しみたい、と願う高齢者は介護しやすい。喜んでもらえることをすればいいだけのことだ。双方に感謝があり、やりがいもある。

でも私の母のように、人生の不幸を選ぼうとするタイプは厄介だ。

「レストラン行こう」

「あかん。歯が悪いから食べられない」

「柔らかいものを出してもらうよ」

「あかん。じっと座っているのが苦痛」

「個室で座敷だから横にもなれるよ」

「あかん。お母ちゃんはブスやから」

とうとう顔が悪いからレストランに行けない、ということになってしまった。

願いがまったく叶わない人生で、あきらめる、ということを学習し続けたらこうなるのかもしれない。仮に願っても、叶わないと失望が大きい。ならば願わなければ傷つくこともない。

人生を楽しむ、というのにもトレーニングが必要で、楽しみそこなった人は楽しむことを恐怖し拒絶する。人生は楽しいもんだ、と知ってほしい私は、母に黙ってハワイ旅行を予約し、出発直前にそれを母に告げたことがある。前もって提案したって否定されるのがわかっていたからだった。自分がハワイに行く、と知った時の母の、私への罵詈《ばり》雑言《ぞうごん》と鬼のような表情は、懐かしい不憫《ふびん》な想い出だ。

母は別に過酷な強制労働施設に囚《とら》われていたわけではない。世間の物差しや兄たちのいう幸せな人生の条件下にあっただけだ。だが、たくさんの子育てと家事労働だけの人生というのが、いかに人生を楽しむことを奪い、断念させるものか。

子育ては楽しいはず、子供は可愛いはず、そうじゃなければ母親じゃないし女じゃない、という物差しに測られ、母にはどっちに転んでも自らの感性を否定するか、世間に否定されるか、という選択肢しかなかった。

母は生存戦略として「楽しまない人生」「不幸な人生」を自ら選びとったのだ。

母の日にカーネーションを送るたびに怒鳴られた。大きな花束ほど怒鳴られた。

自分がふと喜びたくなる時、本能的にそれを拒絶しようとブレーキがかかる。

でも強制的に温泉やら旅行やらに連れていくと、それはそれで、ちゃんと楽しんでいるのだ。

不幸にしがみつく人には、胸ぐら摑んで、楽しい環境に放り込まねばならなかった。

実に面倒くさい、実に手のかかる母だった。

それに比べ、人生を楽しんでいい、とすでに学習している高齢者たちは非常に楽チンだった。どんな声をかけても「きゃー」と喜んでくれた。

私は特別高齢者に優しいわけではない。親不孝娘として精神の善なる部分がぶっ壊れた欠陥品として、なんとか、そこを修復しようとして、あるはずの、あったはずの善なる部分を手探りして、ああまだある。ちょっとある。と確認作業をしているに過ぎない。

高齢者が喜ぶ度に、自分がまだ生きていていいのだ、と許しを得たような安堵を覚える。

孝行とは、親や高齢者のためにあるのではない。孝行する側のためにある。

笑顔を見て、孝行できたと信じられた時の自己への許し。孝行とは、それをする側の罪滅ぼしのためにある。

## 老人特有の時間感覚がある

高齢の方と待ち合わせをすると、共通した行動が見られる。

必ず約束した時間の、ずっと前から待っている。家に迎えに行くというパターンが多かったが、私が待ったことはただの一度もない。

マンションに迎えに行きますと言えば、マンションの前の道路まで出て待っている。

ロビーのソファーにも座っていられない。座っていられないから、立って待つ。

「朝、目が覚めたら準備をして、そっちに行くからね」と、私とはいつも親子と間違われることの多い、歳の離れた後期高齢者の兄と遊びの約束をしたことがある。

朝に留守電が入っており、兄が激高して怒鳴って「いったい何時まで待てばいいのか。こっちは朝から準備しているというのに、もう俺は一人で遊びに行く。お前とは行かん。人を待たせるにもほどがある」と喚《わめ》き散らして電話を切った。

「起きたら行く、と言ったよね。何時に起きなきゃ、がしんどいから、遊びくらいは目が覚めてからでいいやん」と言うと、「待つほうの気持ちにもなれ」と怒鳴られた。

「お前とは二度と遊ばん」

実家に泊まったことがあった。

高齢の兄は、妻を「のんびり寝やがって。朝8時まで寝やがって」と怒鳴っていた。

むっちゃ早いやんと思ったが、高齢の兄には遅いのだ。

そういう兄と遊ぼうと思えば、私には早朝のロケの仕事が入った日と同じくらい、前日から気合いを入れて早起きし、仕事と思って遊ばねばならない。そのキツさは、もはや遊びではない。

「起きてから行くね」と言えば、「待ってられるか」と怒鳴る。

では、「今日、どう？」と突然、誘うと、高齢者の多くはパニックになる。彼らは暇だ。遊んでほしいといつも思っている。でも、「じゃ、今からどう？」では、心の準備ができないのだ。

高齢者は、活動的に動く世代とはまったく異なる時間の進み方で動いている。

頻繁に高齢の家族や知人に顔を出してあげたいが、その腰を引かせるのは「時間の進み方が違う」ことだ。

仕事ほどの馬力をかけて駆けつけると、こちらの身体が持たない。

こっちの用事が終わってからね、的な曖昧さは、相手をいら立たせる。

突然のお誘いには、相手に精神的瞬発力がない。

ここで、高齢者特有の時間の進み方が生まれる原因を考えてみた。なぜ、彼らは暇なのに短気なのか。

まずは、身体的理由がある。準備に時間がかかる。若いころのようにちゃっちゃと、とっとと身支度ができない。我々は若いころは朝起きて15分で家を出られた。だが、60代の知人に聞くと、朝起きてから家を出るまでに2時間は必要なのだそうだ。内訳は、コーヒーと新聞、喫煙、排便だ。

それで2時間もかかるか？　と思うが、そこには〝心の余裕〟が入るらしい。ばたばたすると心臓に悪い、ということらしい。


確かに、高齢の兄夫婦と温泉などに一泊するとわかる。睡眠薬と酒でとっとと寝る。夜中にトイレに起きたりと、眠りは浅い。誰よりも早くに目覚め、皆が起きるのをじっと待つ。

彼らは布団の中で寝てもいられないから起きる。眠りが浅いからボーッとする頭をもてあまし、ボーッとしたまま椅子に座って皆を待っている。身支度も、昔ながらのボタンだらけのシャツとかベルトとサスペンダーつきのズボンとか靴下とか、やたら備品が多く手間がかかる服なので、着替えるだけで肩で息をする大騒動になる。

一度、ジャージの上下を勧めたが、兄の美意識に拒絶された。兄は風呂上がりに居間で食事をする時でも、ずっとカッターシャツとベルトとサスペンダーのズボンでちゃんとしている。

食習慣も喫煙習慣も洋服習慣も、変わらないのだ。

だから、ちゃんと朝食をとり、薬も飲み、トイレに行き、きちんとした身支度をする兄を見ていると、確かに2時間は必要だとわかる。

## 老人がイライラしているわけ

高齢者がイライラしているわけは、彼らの習慣をこなすにはあまりにやるべきことが多く、また、動作も遅いことにある。この量と現実のギャップに、一番憤怒しているのは高齢者本人なのだ。

若いころはちゃっちゃと動かねばならない時には、ちゃっちゃと動けた。

その分量が変わらないのに、スローペースでしかできない。すると高齢者は軒並み短気になるのだ。

兄嫁の証言で、「義母《おかあ》さんは一日中、洋子ちゃんがあげた声の出る時計で、時間を確認していた」というのがある。

私自身、「今何時？」と瞼《まぶた》を開ける朝が嫌で、暗闇で寝たまま時間を知りたい時用にヘッドを叩くと声で時間を知らせてくれる時計を愛用していたから、目が悪くなっていた母が音で時間がわかるようにした。すると、一日中、時計を叩き続けることになった。寝たきりの母には身支度もなければ、出かけることもない。なのに、彼女はなぜ時間を気にしたか。

母は時間を聞く度にため息をつき、「まだ○○時や」と嘆いていた。

寝たきりなのに、時間が経つのが遅くて遅くてイライラするという短気がある。

これもまた、身体的事情による。

この場合は、痛みだ。身体に苦痛があり、苦痛から解放される時間が睡眠だとすると、朝起きるなり「早く夜が来てくれ」「早く眠らせてくれ」と願う。

これは、ずっと後に私も痛みを伴う病気を経験した時に、やっと母を理解できた。朝起きた時からもう、夜を願う。晩御飯を食べたが最後、早く意識を失いたいのに、寝るにはまだ早い。まだ9時か、まだ10時か、と1時間が長い長い。それは苦痛を伴うタイプの病気を一度でも経験すれば、よくわかる。この苦痛が死ぬまで続くのが寝たきりだとすると、彼らの一日は、拷問みたいに長かろう。

寝ているからといって、ボーッと脱力したり、くつろいでいるわけではない。まだか、まだか、と苦痛に耐えてイライラしている。動作が遅いからといってのんびり屋さんなわけではない。動作の遅さに最も爆発しそうになっているのが、寝たきりであり高齢者だ。

知人で、入院中の父親に持っていく食べ物がいつもより1時間遅れただけで、大喧嘩になったというエピソードがある。父親は1時間を待ったのではない。朝、布団の中で目が覚めた時から、娘の到着を待っているのだ。ああまだ8時だ、ああまだ9時だ、とずっと時計を見ている。身体的苦痛を伴う入院なら、10分おきに時計を見ている。まだ8時10分だ、まだ8時20分だと、母は10分おきに時計を叩いていた。

また入院経験者にはご理解いただけるかと思うが、入院中の最大唯一の喜びは食事だ。高齢者でも、腸を病めば絶食がある。母は入院中、ずっと「果物の缶詰を買っておいてくれ」、それも具体的に「桃とミカンとパイナップル」と指定した。

頭の中は、ずっと食べ物でいっぱいなのだ。

「うん。うん。買ってやる。買ってやる」となだめた。

缶詰よりも新鮮なフルーツのほうがおいしいのにと思ったが、母の記憶では、自分が若かったころ、入院中においしいと感じたものがそれなのだ。

知人の父親が入院中であること。高齢者であること。食べ物が唯一の喜びであること。それらに鑑《かんが》みると、彼は朝6時くらいからずっと何時間も娘と食べ物の到着を待ちわびていたはずだ。若者時間で、約束より1時間遅れただけ、というのは高齢者には通用しない。

彼らは、目覚めた時から、布団の中でずっと待っているのだ。

## 老人は常に訪問者を待っている

私と女友達数人で生駒山にドライブに行ったことがある。

その帰りに、定年退職した先輩女性宅に挨拶に上がる予定にしていた。遊び、山登り、ドライブ、という状況を考えれば、何時にご自宅に行けるかはあえて約束しなかった。先輩女性は「うちのマンションから生駒山が見えるから、見えるうちに降りていらっしゃい」と言う。

おかしな話だと思った。

これから生駒山に登ろうとしている後輩たちに、登る前から早く降りてこいと言うのだから。なぜゆっくり楽しんでこいと言えないのか、不思議だった。

大慌てで山を降り、先輩を待たせてはいけない、と携帯を鳴らした。「今そっちに向かってますから」と安心してもらおうと思った。

が、何度電話をしても誰も出ない。不安が心配に変わり、アクセルを踏んで先輩の家に向かった。

近づいたら電話を入れる、と約束しているのに、なぜ電話に出ないんだ……。

よもや、と思ったが、私の予想は的中した。

先輩は、携帯も持たず、ずっとマンションの外で、生駒山からの道路を見続け、我々が到着するのをその道路で立ったまま待っていた。

我々の言う「着くころ電話します」というアバウトさは、高齢者には通じない。兄に「朝起きたら行くね」というテキトーさも通じない。「行く」と言ったら最後、彼らは早朝から待つのだ。

高齢者、病気の高齢者、慢性疼痛のある寝たきり。彼らはいつもいつも、私たちを待っている。

## 「死んでもいいんですね」と言う医者

権力側に立つか、弱者側に寄り添うか、を問われるのが介護だ。かつて母の希望を医師がダメと言う時、毎回どれが正解かわからなかった。

集中治療室で医師から水も飲ませちゃダメ、と言われ、母はすがるように「水をくれ」と私に訴える。いったいどっちに従うのが正解なのか、いちいち悩んだ。

病院からつけられた尿管を、母が「抜いてくれ」と言った時もだ。

兄は「医師の言うとおりにせな、しゃーないやないか」と言う。「なんとか抜けませんか」と言う私。どっちの側につくかは、つまりは弱者の痛みに共感できるか否かが立ち位置を決めるのだと思う。

病院VS患者は、いつも対立関係にある。ほんの一日、病院に行かなかっただけで、あるいはほんの数時間、母を一人にしただけで、もう母の望まない医療器具がつけられていた。

私が横にいたら、それはなぜ必要か、本当に必要か、いちいち看護師に問うただろう。母には、戻った私に「これを抜いてほしい」と言うのが精いっぱいだ。

ある時、「気管切開します」と医師が事前に言うので、「やめてください」と事前に断ることができた。医師は「死んでもいいんですね」と念を押した。

ここで「はい」と答える家族なんかいないだろう。私は「本当に死にそうな時、もう一度考えて返事します」と答えた。前もっての医療行為の意思確認の難しさを感じた。前もって、生きるか死ぬかの瀬戸際に自分が何を希望するかなんて、わかるか？　生きるか死ぬかの瀬戸際に希望する医療は、生きるか死ぬかのその時じゃないと、わからないんだよっ、とそれだけがはっきりわかった。

患者を代弁するのは難しい。母の性格を知り、怖がりを知る私が考えたのは、母は絶対に気管切開など望まないだろうなぁ、ということだった。

でも、いざ「死ぬよ」という時、母の思いと、母に生きてほしい私の思いのどちらが勝つのか、確信を持てないのだった。

## 生きている時に「好きにさせる」は難しい

気管を切開せず、後日、一命を取り留めた途端、母がしたことはコソッとタバコを吸いに部屋を出る、ということだった。いたずらっ子のように小狡《こずる》くニタッと笑い、「ロビーでタバコを吸ってきてん」と言う。

また私は爆発した。いったい家族や医師がどんな思いで救った命だと思っているんだ。

あんた一人の命じゃない。皆で救った命なんだ。なんで助かるなり、また命を粗末にするんだ。タバコが原因で酸素を取り込めない肺になったのに、なんで息ができるようになれば最初にタバコなんだ、と怒鳴った。

車椅子で部屋を出る度に、どこかに隠し持つタバコをいじましく出し、唇を尖らせて、その瞬間を至上の喜びとして、震える手でタバコに火をつけようとする母の手から、タバコを奪い取り、踏みつけた。

なんで、皆で助けた命なのに、大事にしようとしないんだ。なんで、人生も、せっかく生まれてきたのに、大事にしないんだ。

母は私を「情のない優しくない娘」と怒鳴り返した。互いに怒鳴り、互いに悲しむことになった。

10年後の今の私なら、どうしただろう。

おそらく、タバコを吸わせてあげたのではないか。もう間もなく消える命じゃないか。好きなことをさせればいいじゃないか。今ならそう思える。

それは、あれから間もなく死んだということを知っているから、そう思える。

まだ生きていてほしいと願う時には、好きにさせればいいじゃないか、とは、なかなか思えるものではなかった。

## 手放しで医療を信用するな

留守にすると新たな医療行為を勝手にされる、と憤る私に、兄嫁から電話が入った。

「おしりから管を入れる腸の検査を2時間もした。でも、腸閉塞の部位がわからない。で、今度は口から腸まで管を入れると医師は言っているけど、……どーする？」

「入れない！」と答えて、ラジオスタジオに入った。

口から胃ではない。口から腸だぞ。どれだけ苦しいと思っているんだ。それでも、治るかどうかわからないそうだ。

医療は高齢者をどれだけいたぶったら気が済むのだと思った。

いら立ちは働く自分にもあった。仕事先から病院に行くと、留守の間に母は何か嫌がることをされている。される前には拒絶できても、された後には「医師の確認を取らないと」という看護師の返事があるだけだ。そして医師は「土日明けの月曜まで待ってください」と言う。

点滴を見ると、滝のように溶液が流れていた。

「これ、これでいいんですか？」と看護師に聞くと、「あっ！」と言い、点滴を調節して、従来のポタッポタッという落ち方になった。冷や汗をかいた。

自分がいなければ、母の血管に滝のような勢いで液体が入っていた。

病院は忙しい。看護師を責めるつもりはない。ただ、医療現場とは、よーく見張っておかないと何をされるかわからない、というのが私が学習したことだった。

後に、腸閉塞で口から腸に入れる管がどれほど苦しいか、また高齢者にその効果はあるのかを他の医師に聞いたり調べたりした。だが、医療関係者の回答は、その大方が「一概に言えない」というものばかりだ。私の指針は、自分の直感と母の性格と苦しみ、だけだった。そして一番の問題は、それら全部に「自信がない」ことだった。

自信がない人や、責任回避したい人が、医師にまかせる。まかせれば楽なのだ。いちいち考えたり調べたり観察して、判断したりをせずに済む。後悔という荷物を背負わずに済む。医療が善意でできているという世間の常識を信じられるならば、無知な家族はお医者様の言うとおりに従っておけば楽なのだ。

手放しで医療を信用しない、という立ち位置を取れば、いちいち迷い、自信を失う。

## 自分が弱者になって初めてわかる、老人の心のうち

点滴を苦痛だと訴える患者のほうを黙らせるか、医師に「抜いてくれ」と説得に行くか。

採血を嫌がる患者を少量だからと説得するか、医師に「嫌がることをせんでいいでしょう」と訴えるか。

一度、医師の申し出を拒絶した私は、背後から、兄に思いっきり平手打ちされた。

「お医者さんがそう言うのやから、従え」と兄は言った。

あんたは、そうやって権力側の顔色を見て、権力にすり寄って生きてきたんだよ、問答無用に従うことで面倒から逃げやがって、楽して生きやがって、とはその兄に言わないでおいてあげた。

点滴にせよ、尿管にせよ、気管切開にせよ、どんな管も、間もなく死ぬであろう人に

ギリギリまで苦痛を与えてどうするのかという視点に立てば、医師をどう説得できるかは家族の仕事になる。

実際、私は病気を経験して以降、本人が嫌だということは決してしてはならないと感じている。

もし、どうしてもというなら、医師が患者を説得できるかどうかだ。医師が患者を説得できない治療なら、家族が医師を代弁して患者を説得してはならないと感じている。

患者を説得できなければ、医師の負けだ。

真に自信があり患者への愛情もあり、患者がそれを感じる医師なら、説得もされよう。

患者だって、よくなりたいのだ。

私自身、頑固な患者のほうだと思う。入院する度に、病院のルールに反発し、「一筆書くから、私の希望を通してほしい」と、何通「何が起きても文句を言いませんし、訴えません」という書面にサインしたかわからない。そんな私が、腸炎で入院した時、一日早く退院したいと医師に願い出たことがある。医師は次のように言った。
「この一日を急ぐか否かが、いずれまた病院に舞い戻るか否かを分けるのです。僕の経験上、一日を焦った患者は、また病院に戻ります。急がば回れというのがありますよね。しっかり十分、炎症を抑えてから、焦らず退院しませんか」

私はこの医師の言葉に胸を打たれた。

この私を、年下の青年医師が説得しようとしているじゃないか……。

その試みと勇気と粘り。根拠は「僕の経験」。その僕はまだ若いじゃないか。でも、青年医師の粘りに私は感動し、従うことにした。愛情を感じたからだ。

病院側に立つ介護者は「なぜ医師に従わないのか」と怒る。違う。「なぜ強者側に立ち、弱者側に立ってくれないのか」が、介護される側の言い分だ。

## 親の死よりも後悔すること

医療知識の乏しい家族が患者を説得するなら、「お医者さんがああ言っているから従おう」以上の説得はできない。母のように「あかん。医者は治せない。ああだこうだと言うだけだ」と諦念している患者なら、その説得は通用しない。

まず患者から「あかん」と思われている医師が患者を説得できなければ、その治療は本人が嫌がるならやめていいと私は思う。


母の尿管には、いまだに悔いが残る。看護師に頼んだら「医師がいないので、勝手に抜けません」と断られた。

結果、尿管を強いることになった。本人が苦痛だというのに。医師がいないからと断るということは、看護師が責任を問われることを避けたに過ぎない。「医師が帰ってしまったから」と母をあきらめさせた私も非情な娘だ。明朝、抜いてもらおうね、とお茶を濁した。

なぜ「一筆書くから抜いてくれ」と看護師を説得できなかったか。

母は私が病院を去った後、尿管とは別に、母に入れられた胃への管を、自分で引っこ抜いて、そのまま死んだ。

誰も抜いてくれないから、自分で抜いた。

その母の想いだけが、死から伝わった。

いずれ死ぬのだ。どうせ遅かれ早かれ死ぬのだ。ならば、本人が嫌だということは、ちょっと早く逝くことになっても、しないほうがいい。管なんか抜けばいいじゃないか。本人が「辛い」と言っているのだから。

医療が患者側の基準でなされていないのなら、家族は医療という権威に立ち向かう側でなければいけない。

私たち介護する側が強者につくか、弱者につくか。介護現場とは、それまでの家族の生き方が露骨に出るところでもある。

母を亡くしたことよりも、尿管を抜いてやれなかったことのほうを悔やむ。

医師がいないからという看護師の責任逃れに加担した自分を、汚く感じる。

あの時、弱者のために闘わなかった自分の冷酷さが許せない。

## 病気高齢者が怒鳴る時

私とは親子に間違われるほど歳の離れた後期高齢者の兄夫婦は、高齢者モデルとして興味深い。

夫婦として連れ添うということは、独身の私には理解できないことが多い。兄夫婦のやり取りを聞いていると、理解できないながらに少し、ああ夫婦とはこんなものか、とリアリティを持つことができる。

新型コロナで自粛が続き、ようやくの自粛明けで兄夫婦から食事に誘われた。兄の好物の寿司屋で久しぶりの外食だった。私は久しぶりに指輪をつけていったし、兄嫁もアクセサリーを胸元にも手先にもつけてきていた。女性たちは普段身につけないもので飾ることで、自由の喜びを表現していた。

寿司を食べる直前に、糖尿病の兄はインシュリン注射を自分の腹に打った。注射器と備品とを兄は妻に手渡し「捨てといて」と言った。

妻は「全部捨てたらいいんやね」と軽く返事して、何気なく自分のカバンに収めた。

直後、兄が爆発した。

「何が全部捨てるや。注射器は使い回しせなあかんやろ。捨てていいものと捨てたらあかんものがあるやろ」と怒鳴った。

兄は怒りが収まらず、「お前は、何百回も目の前で俺が腹に注射をするのを見ていて、なんで捨てるものと捨てないものの違いがわからないのか」と怒った。

めったに実家に帰らない私でもわかる、ゴミの分別だった。兄嫁もわかっていなかったわけではない。ただ、何も考えずに返事をした。ただ、それだけのことだ。

「全部捨てるね」

これが、その後数週間続く夫婦喧嘩の発端になろうとは、その時の私は気づかなかった。

数週間後、兄夫婦に誘ってもらい同行した有馬温泉の旅館で、兄の体調がいまいちなのが見てとれた。

聞くと、「寝ていない」と言う。

その時は、ああそうか、くらいに思っていた。

兄嫁が私に報告した。

「あの寿司屋の後ね、夫に言ったの。人にものを頼む時は怒鳴るのではなく、○○してくれと優しく言えばわかる、と」

お洒落して行ったのに、怒鳴られて、兄嫁は気分を害していたのだと理解した。

だが、これがまた大爆発を生むきっかけになった。

妻と妹の会話を聞いていた兄は、声を荒らげて訴えた。

「お前は、俺が生きるか死ぬかの戦いをしているというのに、その俺がどんな注射を打っているかも、捨てていいものと使い回すものの違いもわからない。どんな思いで注射していると思っているのか。お前は俺に関心がないのや。だからあんな返事ができるのや。お前がそんなこと言うから、寿司屋行った後の晩も、腹立って神経が立って、それから寝られへんようになったのやないか」と、まだ怒りが収まらない。

兄の不眠の原因は、夫婦喧嘩だった。

兄嫁のほうはというと、怒られたら被害感情しか残らない。せっかくお洒落して行ったのなら、なおさらだ。だから兄への「怒らず優しく喋れ」という要求にもなろう。とても理解できる。

気づかない、ということは、悪気がない、ということで、もっと言うと、このケースでは、とうに知っていることだから深く考えず返事をした、ということに過ぎないと私は理解した。

でも、寿司屋で私は、「あ。兄が怒る」と、コンマ一秒先に兄のほうを理解できたのだった。

病者は、頼りにしている人の何気ない一言で深く失望し、怒りを爆発させる。

兄嫁は「頼む時の言葉遣い」を訴え、兄は「俺に対し慈愛がない」と訴える。

喧嘩の核が、かみ合っていない。

俺が生きる死ぬの戦いをしているのに、と兄は叫ぶ。

では兄嫁は他人事のように暮らしているかというと、そうではない。兄に新しい治療法がないと医師から言われた日には、落ち込んで体調まで崩す。

兄と一心同体であることは、私でもわかる。

「どこ見とんじゃっ」という兄の怒りの大本《おおもと》にあるのは、「俺に関心がない」という寂しさだ。

病気弱者は孤独だ。「どんな具合？」という関心を示されるだけでも慰めになる。

自分に関心をもっと持ってほしい、という兄から妻への願いなのだが、核心のかみ合わない夫婦喧嘩の延長戦が、温泉旅館で始まってしまった。

その終わらなさに業を煮やし、私は止めに入った。

「お姉ちゃんがポ〜ッとした人柄であるのは、お兄ちゃんが病気になってからじゃない。ずっと昔からポ〜ッとした性格や。その性格にずいぶん救われてきた闘病生活やったんやないか。暗くならず明るく過ごせたのは、その性格のおかげや。お姉ちゃんのポ〜ッは、短所でもあり長所でもあるんや。怒ることではない。助けられてきた長所が、たまたま注射の後の返事で、お兄ちゃんが短所に感じただけや」

「腹立って寝られへんかったんや」と兄は怒りが収まらない。もう何週間も経つというのに。

それくらい、病気高齢者は孤独なのだと思う。

悲劇は深夜に訪れた。

夜中1時ごろ、兄が叫んだ。

「睡眠薬、持ってくるのを忘れた」

全員がその深刻さに黙った。

睡眠導入剤経験者の私としては、それがいかに必要か、なければいかに恐怖心を呼ぶものかを知っている。

「忘れた。忘れた」と兄は何度も言う。

私が「家まで取ってきてやろうか」と言うと、「かめへん」と兄は断る。

兄嫁は「洋子、あんたの薬を兄にやり」と言う。

私は「私のはサプリやから兄には効かん」と言う。

兄は強い睡眠薬を何錠も酒と飲むことで、やっと睡眠を確保している悪いパターンだった。

有馬温泉で兄の「忘れた。忘れた」を聞いていると、20年ほど前の出来事がフラッシュバックした。

このセリフ、昔にも聞いたことがある……。

生前の母と兄夫婦を連れて、あの日も有馬温泉に来た。あと3分で宿に着く、という時だった。母が「入れ歯忘れた!!」と叫んだ。母は嫁を叱った。

「なぜ家を出る時に、若いもんが、年寄りの必要なものを忘れてないかどうか確認しないのか！　入れ歯忘れたやないか!!」

タイヤの音を立てて、大阪に引き返したのを覚えている。母は兄のようにずっと何度も「忘れた！　絶対忘れてはいけないものを忘れた！　なぜ若いもんが気づかないのか！」と怒り続けた。当時私は、なぜ若いもんのせいにするのか、いい迷惑だと思っていたが、数十年後、兄が同じセリフを吐くのを見て、母の想いが理解できた。

病気高齢者は、やっとの思いで生きている。特にイレギュラーな外出や外泊があろうもんなら、絶対忘れてはならないものを忘れる。それが病気高齢者だ。忘れる、とわかっているから高齢者の身支度旅支度はとてつもなく慎重で長い、ともいえる。

それでも、忘れるのだ。

忘れるのだ、と若い者、健康な者が理解してやらなくてはならないのだ。

兄の睡眠薬の件は、兄嫁と私の失態だ。

兄は自殺でもする気か、というほどのお酒を飲んで、寝ようと努力した。兄は絶対に妹に深夜の有馬大阪往復運転をさせなかった。やはりそこは兄なのだ、と実感した。

兄のために、リビングは遮光カーテンをしっかり閉め、夜中のトイレで転ばないようにゆるいライトだけつけた。これらが私を大阪に取りに行かせなかった兄にしてやれる、せめてものことだった。

その後、自分の寝室に行ったが、私もまた眠れなかった。

早朝、気になって兄夫婦の寝室をそっとのぞいた。

兄夫婦の寝室の遮光カーテンは全開で、さんさんと太陽光が室内に降り注いでいた。日光を浴びて死体のように転がる兄と、眠る兄嫁がいた。

「お姉ちゃん!!」と声をあげた。「なんでカーテン、閉めないの!!」

「ん？　カーテン？　まぶしかったら、背中向けて寝たら、済むやん？」

死ぬほどしんどい人間は「まぶしいからカーテン閉めてくれ」という言葉を口に出すのもしんどいことを私は経験上、知っている。

兄はまぶしいよりも、苦しい、しんどいのほうが勝って、死んだように、ただ眠れないまま横たわっていた。

そして、俺は風呂も飯もいいから、お前たちが終わるまで部屋にいる、という。

いかにしんどくても、妻と妹には風呂と飯が終わるまで待つというのだから、やはり兄だ、と思った。

夫婦とは不思議なもんで、その拷問のような有馬温泉の直後、今度は白浜温泉に行くという。

「睡眠薬持ったか？」と聞く私に、妻は「万が一を考えて、何日分も持ったよ!!」という明るい返事。一泊なのに……。

夫婦とは、一人が病気になると、夫婦であるからと手放しで安心し頼れるもんでもなく、相手の言動で眠れないほど腹が立つものらしい。

その怒りの根本は、何週間争っても互いに理解はできないらしい。

でも一方で、そんなこともあったっけ？　というくらい、また、温泉旅行に挑戦できるのだ。

また、帰宅後、兄は怪我した足を私に見せ、「夜中にトイレに行こうと歩いたら転んで、ガラステーブルを倒して怪我をしてん」と笑って言った。

笑いごとじゃない。やはり転ぶのだ、と確信した。足の弱った高齢者は、夜中のトイレで転ぶ、は健常者が知っておかねばならない必須事項なのだ。

他人《ひと》様から見ればおしどり夫婦でも、病気高齢者というのは孤独だ。苦しみも焦りも不安も、相手には理解されない。身体の事情など、他者には理解できないのだ。

じゃあ何ができるのかというと、ともにオロオロし、ともに絶句すること。

有馬温泉で私たちは家族だ、と実感した唯一の出来事は、

「睡眠薬忘れた」

「うそ……」

の絶句が長く続いたことだ。

高齢者は、絶対入れ歯がいるのに、入れ歯を忘れるのだ。

睡眠薬が絶対いるのに、その睡眠薬を忘れるのだ。

そして夜中のトイレで転ぶのだ。

怒鳴る病気高齢者は悪くない。

気づかなかった健常者が、悪い。

## 首がしんどいお年寄りに気づけるか

高齢者の知人がいると、私はそのご家族が介護をまかせられるタイプか否かをチェックしてしまう。悪い癖だとわかっているが、心配で止められない。

ある80代の知人が入院していた。ちょうど見舞いに行った私と、その娘家族たちが同じ時間に鉢合わせしてしまった。

お年寄りの知人は、急に私やら娘やら婿や孫まで大勢つめかけたものだから、ゆっくり寝ていられなくなり、枕からずっと首を持ち上げて、首の筋力だけでその姿勢をキープし、我々と会話をしていた。

枕から首だけを持ち上げた姿勢のまま、人と何分喋れるか。

かなり、きつい試練だ。

私は、そのお年寄りをそのままにした。さて、娘か婿かが、このお年寄りの首の下に支えになるようなクッションを入れるという〝気づき〟ができるだろうか。

答えは、否だった。

お年寄りの首の筋肉が震え出すのを見た直後、もうこれが限界だ、と私は自分のセーターを丸めて首の下に入れた。するとホッとして、その支えに首をのせてくれた。

私は、おそらく少しばかりは気づくほうの部類だと思う。まだまだ上はいるが。

そんな私からしても、お年寄りが今、突然の大勢の来客でパニックになっていること、気を遣って頭だけでも起こそうとしていること、でも筋力がないこと、それらが一瞬にしてわかるのに、それを気づけない子たちのほうに驚いてしまうのだ。

私が首の下に入れたセーターを見て、子たちは驚いたように「あっ。すみません」と言った。

家族に高齢者の介護を期待するのは無理だと、私のほうがとっくに気づいている。愛情がないのではない。気づかないのだ。そして気づかない人は、致命的に介護ができない。

そして、他人は良識の範囲を越えた介入はできない。その中間で、高齢者は弱っていくのだ。

## 寝たきりの人は寝返りをうつ力すらない

私が腸炎で入院した時、個室だった。毎日、部屋の掃除に来てくれるスタッフがいた。その様子を、寝たきりで動けない私はじっと見た。

スタッフは年配の女性だったが、マニュアルどおりの掃除をした。

毎回感心したのは、ただの一度も使用していない備えつけキッチンを、最も念入りに掃除していくことだった。このキッチンは使っていない、と見たらすぐわかる。

食器も紙コップもない。食べ物も置いていない。ゴミもない。汚れもない。水道すら使ってもいないから濡れてもいないキッチンを、毎日毎日、最も時間をかけて掃除するのだった。

見ていない。

これが、気づかない、の次にある落とし穴だ。

まったく汚れていないのに、見ていない。

ということはつまり、私が「ここ、掃除してほしいなぁ」と思っている場所も、汚れていることを〝見ていない〟わけだから、汚れていく一方だった。

私はというと、ぐったり寝たきりだったので、「すみませんが、ここ、掃除してくれますか？」と喋る力もなかった。

10日間の絶食の中、寝たきりで窓を眺め、「ああ、朝日だ。ああ、もう夕日だ」とだけ感じながら過ごしていた。おそらく、だが、寝たきりのお年寄りがなぜ寝たきりでいられるのかを、私は軽く経験したことになる。

寝たきりは、もう起きたり寝返りをうつ力がないから、寝たきりなのだ。

その人が「ここ、掃除してくれます？」と訴えることなど、少なくとも私みたいな一時的寝たきりでもあきらめたのだから、できるはずがない。

で、これが寝たきりのリアリティだと感じた。

要求する力がなければ、お門違いなケアだけをされるのだ。

## 「気づく人」の言動はこんなにも違う

ある日、たまたま担当した看護師が私に近づくなり言った。

「あらっ。ベッド周りがこんなに汚れている。いったい何してんのよ、掃除スタッフは」と怒りを隠さず、その場で雑巾を持ってきて、患者のベッド周りに積もったホコリを拭いてくれた。

そう。寝たきりの私には一番遠いところにあるキッチンばかりがピカピカで、私自身の周りはホコリと汚れだらけだった。

初めて見る顔だった。

たまたま、通りすがりのように出会った看護師が、こんにちは、の次に気づくホコリと汚れ。

それが、掃除担当のスタッフには見えない。

寝たきりは、おそらく、こういう自分の意に沿わないことをされるストレスを常時、抱えているのだと思う。

その看護師にずっと担当してほしいと願ったところで、たまのローテーションだから期待もできない。

その看護師が担当する時には、布団もシーツもすべて気持ちよく整えてくれた。乱れてぐちゃぐちゃになっている布団やシーツが、ピッと引っ張られてシャキッとすると、気持ちもシャキッとした。

シャキッとした寝たきりという表現はちょっと変だが、同じ寝たきりでも、ズグズグのモサモサの寝たきりと、シャキッとした寝たきりでは、ずいぶん気分が違うものだと感心した。

ホコリに気づく人は、布団とシーツの乱れにも気づく。

そして「あら、遙さん、シミがないですね。お手入れどうやってるの？」と、肌のシミの有無にまで気づく。たいした観察力だ。彼女は、ただ〝見ている〟。それだけの、そして、すごい能力だ。

今は主治医二人制なので、二人の青年医師がついてくれたが、両極のタイプだった。

「お腹、まだ痛みますか」と、4本の指で腸のあたりを押してくる。

一人の医師は空手チョップのように突然勢いよく突くので、腸炎じゃなくても、痛いっ！　となる。でも、もう一人の医師は「痛みますか」と言いながら、恐々ゆっくりと押してくる。

すると痛みの感覚の変化で、私にも回復がわかるのだった。

私の身体に、おそるおそる触る医師には安心してまかせられたが、空手チョップのように突然、前触れもなくエイッと手を突っ込む医師には、私は毎回、身構えた。

誰もかれもが全員、その道のプロだ。それでも、これほどの能力差がある。

他人の手を借りねばできない、食事や排せつ。

このレベルになれば、いったいどれほどのストレスを抱えながら、寝たきりの人たちは生きているのだろう。

## 家族介護は賭けである

母が寝たきりの時、ヘルパーさんに「冷たいっ！」と叫んだり、爪を切られる時に「痛いやないかっ」と怒鳴ったりするのを聞いてきた。

母は「丁寧に仕事しろ」とか「ちゃんとお湯の温度を自分の手で確認してから、他人の身体を洗え」とか言っていた。

「もっと、だんどりよく動け」とも文句を言っていた。

そんなシーンに出くわすと、私はヘルパーさんにその暴言を謝り、またケアマネージャーさんから苦情が来ると、詫びた。でも、素人の私が母親の足の指の爪を切っても、母は痛がらない。

高齢者の爪は分厚く固く、岩盤のようになっている。一度に切ろうとすると、亀裂が入り、神経に障る。だから角を削るように、ちょっとずつ切っていく。切るというより、かけらを落としていくのだ。そうすると、切られるほうも安心だし、切るほうも恐怖心を持たずに済む。素人の私にでも、そういうことが想像できた。

娘だからとかヘルパーだからとかは関係ない。触られる側にとって、痛いか痛くないか。それだけの基準だ。

「お宅のお母さんを怖がって、ヘルパーがお宅に行きたがらない」と言うケアマネさんに私は詫びたが、今の私は違う。

爪の状態をしっかり見ていないこと。

一気に切れば、どうなるか想像しないこと。

どういう触り方をすれば相手が怖がらないか、という配慮がないこと。

見ていない。気づいていない。関心がない。そのプロのほうに問題がある。

プロでも、介護経験者でも、医師でも、家族でも、この「見る」「気づく」「関心を持つ」という3つの感性が必ずあるとは言い切れない。私の経験では、この3つを持ち合わせている人のほうが圧倒的少数派だ。

そうであるなら、介護とは、その多くが受ける側にはストレスで、ごくたまに満足させてくれる人と出会える、というレベルのものだと腹をくくらなくてはならない。

介護をする側は、自分が介護に向いているか否かを判断するのは難しい。

なぜなら、気づかない人は、自分が気づかないタイプだと気づかないから。

幸せなタイプ、ともいえる。

見ているのに見えていない人には、自分が何を見逃したか、永遠に気づくチャンスがない。

痛がることをする人は、人間の苦痛に対して鈍感だから、逆に平然としていられる。

つまり、寝たきりにはわかる介護の向き不向きが、介護をする側の本人にはわからない。ド下手でやる気のある介護者が一番恐ろしい。

家族介護というと美しく響くが、見る力、気づく力、想う力がないタイプだと、血縁など意味がない。逆に、たまにでも上級者の他人と出会うチャンスが減るぶん、家族介護は賭けだ。

## 身体が不自由な老人には味方がいない

施設に入所中の介護であれ、家で寝たきりの介護であれ、お年寄りは他人の手を借りるとなれば、その多くはストレスのたまる状況が多いと認識しておいたほうがいい。

じゃあ、あきらめるのか。それとも、カリスマヘルパーを探すか。

実際に、母の介護期に、カリスマヘルパーと私は出会った。

たった一人だけだった。

母は、最後にはそのヘルパーさんが担当じゃないと、風呂に入らなくなった。全身を安心してまかせられるのはたった一人であり、それは家族ではなかった。

そのヘルパーさんは、やがてご自身がガンになり、来てもらえなくなった。そうしたら、もう母は風呂に入らず、そのまま逝った。


そのヘルパーさんは、母が食事の愚痴を言うと、こそっと自分で作ったおかずを持ってきてくれた。「これは本来やってはいけないことなので、ケアマネさんには内緒にしてくださいね」と私に言った。

また、「お年寄りが怒鳴ったら、怒鳴られるほうのヘルパーが悪い。痛いことをしたら、それをしたヘルパーが悪い。冷水で身体を拭いて怒られたら、怒られるヘルパーのほうが悪い。お母さんは悪くない」と話していたが、今の私にならわかる。当時、怒鳴る母を恥じていた私には、とても新鮮な介護哲学だった。

何より、母が最後まで頼った唯一のヘルパーさんだった。

そのヘルパーさんだけが、母を肯定的に解釈した。

家族もケアマネも悩まされてきた母のヘルパーへの怒声に対して、「叱られるヘルパーが悪い」と、母の味方をした。

思えば、母に味方はいなかった。父は母に暴力的に向き合ってきたし、兄たちは母を幸せに気づかない女と決めつけたし、娘の私に至ってはバカ女呼ばわりした。

そのヘルパーさんだけが、母の介護される姿勢を讃《たた》え、次世代を叱る行為を立派だと言い、母は正しい、と母を擁護した。怒る母を前に、「お母さんは、次世代の介護のプロに対し、お前たちもっとしっかりしろ、と言っているだけなんです」と言った。

施設で暴れるお年寄りがいるが、母もまた、そっちのタイプだと思う。

今ではわかる。

施設に大勢いるスタッフの中で、あるいは家族の中で、いったい一人でも、「あなたが正しい」と断言してくれる味方はいるだろうか。

家族も、施設職員も、〝暴れる年寄り〟という枠組みに入れて思考停止すれば、お年寄りはどれほどの孤独を感じるだろう。

母は、身体ケアのみならず、精神を落ち着かせてくれ、肯定してくれ、家族の解釈は間違っている、と母を代弁して娘に説教してくれるヘルパーと出会えたのだ。


だから皆さんも、どーぞ、そういうヘルパーを探してください、とは言えない。

母が気に入ったヘルパーは、数十人中たった一人だけだった。

この確率なら、もう、カリスマヘルパーはいない、と決めてかかったほうがいい。

もし出会えたら、宝くじに当たった、くらいに思ったほうがいい。

見る力、気づく力、想う力は、試験や資格で保証されるものでも、努力して獲得できる種類のものでもない。

それは若いころから長年かけて磨いてきた感性だ。バスの中で立つのが辛そうなお年寄りを見て、何を思うか。すっかりやせ細り、あきらかに栄養状態の悪いお年寄りの歩き方を見て、何に気づくか。医師が表情を変えず患者と目も合わせず、指の関節に躊躇《ちゅうちょ》なく太い注射針を次々刺していき、じっと目をつぶって顔をぐちゃぐちゃに歪めて痛みに耐えるお年寄りを見てどんな気持ちになるか。毎日の中で、人生の中で、何を見て何に気づき、どう感じてきたか。

その蓄積の延長線上に、お年寄りにどう接するか、がある。

資格は必要だが、資格を取って、さあ介護ができる、のではない。

それ以前に、もっと重要な訓練を我々はしてきているのだ。そして同様に、それらの訓練を一切スルーしてきている人もいるのだ。

## 介護に期待をするな

前述のカリスマヘルパーは、普通の主婦だった。

でも、彼女の人生がいかに豊穣だったかが、介護の有り様でわかる。

介護の正解とは、もちろん当然のごとく、介護を受けたお年寄り側が判断を下すものだ。

家族が満足したからいい介護、ではない。

本人が満足したようだから、といっても、本当に満足しているかどうかなどわからない。しんどければ喋らないし、文句も言えない。黙っていたほうが得だと思えば、辛抱もしよう。

カリスマヘルパーが言っていたが、圧倒的に多いのは「すまないねぇ」とへりくだるお年寄りだという。

へりくだって出た言葉なら、それを感謝と真に受けるのも早計だ。

施設でよく聞く、「ご家族に満足していただき、最後まで見送れました」という言葉も単純には信用できない。介護に至っては、家族の満足など最も後回しでいいと思う。本人が満足すれば、家族が不満足でも、本人のジャッジが正解なのだと思う。

もし、私にあのカリスマヘルパーとの出会いがなければ、たまにはよい介護が獲得できたのだというジャッジを下せなかっただろう。

そうでなければ、こんなもんだという妥協と、怒鳴る母を見てヘルパーさんはよく辛抱してくれたもんだと、逆に感謝の念さえ抱いたかもしれない。母が暴言を吐くほどに、ヘルパーに感謝もしただろう。暴言を吐く側の介護ストレスを、一切無視して。

ヘルパー自体の数の少なさ、そして、母が怒鳴ったヘルパーの人数の多さに鑑みれば、される本人が満足する介護の確率はとてつもなく低い。

でも、たまに当たる。

少数だが、カリスマとまでいかなくても、病院で出会う点滴注射のうまい看護師さんぐらいの確率では当たる、ということだ。

人間の比率でいうと、職業を超えて有能な人というのは、それくらいの比率なんだろうと思う。

それが、現在提供できる介護レベルだ。

介護に期待しすぎてはいけない。でも、絶望するにはもったいない。そんなもんだと心得た上で、お年寄りが怒鳴らずに済むヘルパーがいれば、もう合格点なのだと思う。

自分の経験からわかったことだが、健常者と病者は、露骨に強者と弱者の関係になる。気づかない強者側の怒りが、いとも簡単に虐待を生みもするだろうことを、私は驚かない。

第三章

# 人間の最期からわかること

## 子は親のあるがままを見て育つ

親が子に期待することはなぜこうも、ことごとく間違っているのだろうと首を傾げることのひとつが、人の最後の場面に子を立ち合わせたがる親の心理だ。

母が逝った直後、兄たちに言われて甥たちが遺体の周りに集まった。わが家は大家族なので、孫世代が遺体を囲むと、娘の私はその人混みで母に近づけなかった。

あきらめて帰宅した。遺体の周りが、バーゲン会場みたいになった。

子たちはあくまで親に言われて来ている。子は（孫は）、私の母の介護をしていない。介護期のお年寄りの持って行き場のない苦しみを、時系列で見ていない。

そんな子供が、いきなり高齢者の遺体に親に言われて接することで、親は何を教育したいと願っているのか。高齢者の苦悩に関心がまだ持てない子供たちに、「おばあちゃんが死んだから最後のお別れに行け」と言われて来る子たちの表情は一律同じだった。

困った顔で、どうしていいかわからず遺体を見つめる。彼らはあくまで親に言われたから、そこにいる。

そこに涙はなく、まるで道路に横たわる身元不明者の遺体を、通りすがりの人が眺めるような視線だ。

特に深い関係性がない中で突然、遺体を見せつけられるのだ。本心は「気持ち悪い」だろう。

そこに子を行かせる親の気持ちは、なんだろう。何かを感じてきてほしい。我々もまたいずれこうなるのだと想像してほしい。人間の最後をよい機会だから学習してほしい。孫なのだから祖母に最後の別れをするのは礼儀である。情と感性と礼儀を習得してほしい。これらが、遺体を囲ませる親の願いだろうか。

だが、高齢者の持つ苦悩にはほど遠い、若くて健康な世代に、それは願えるものだろうか。

彼らには、寝たきり高齢者は汚く臭く近づきたくないもので、行けば愚痴やら説教やらで楽しくもなく、どうしてもの時には親と一緒に見舞いに行く程度で、その後突然、遺体を見せられる。

彼らには、汚さ臭さに気持ち悪さが加算される程度のものが、人の死ではないのか。

なぜならそこに、関係性がないから。

血縁だからといって、関係性があるとは限らない。年に一度お年玉をもらいに会いに行く程度であれば関係があるとは言えないと、遺体を囲む彼らを見て思った。

彼らは親に連れられて、事実のみを共有しながら育った。おばあちゃんは病気になった。寝たきりになった。ああ、しんどそうだ。ヘルパーさんが出入りし始めた。で、死んだ。

形だけの関係性で、何かを学習できるだろうか。

哀しみとは、深い関係性がないと、生まれないものだと思う。可愛がってもらって嬉しい。おばあちゃんが動けなくなって悲しい。しんどそうで自分も辛い。おばあちゃんが喜ぶなら顔を見せよう。自分の存在をこんなに喜んでくれた人が弱って死んでしまった。もうあの笑顔も可愛がり方もしてくれる人はいない。

だから、悲しいのだ。

形だけの関係性は感情を育てない。深い関係性のみが感情を豊かにする。

遺体を見せときゃ子に慈愛が育つ、という親の願いの延長線上に、わが子に対し、

郵 便 は が き

料金受取人払郵便

代々木局承認

1938

差出有効期間
2022年10月4日
まで

1 5 1 8 7 9 0

203

東京都渋谷区千駄ヶ谷 4 - 9 - 7

**（株）幻 冬 舎**

**書籍編集部宛**

1518790203

| | | |
|---|---|---|
| ご住所 〒<br>都・道<br>府・県 | | |
| | お名前 | フリガナ |
| メール | | |

インターネットでも回答を受け付けております
https://www.gentosha.co.jp/e/

裏面のご感想を広告等、書籍の PR に使わせていただく場合がございます。

幻冬舎より、著者に関する新しいお知らせ・小社および関連会社、広告主からのご案内を送付することがあります。不要の場合は右の欄にレ印をご記入ください。

不要 □

本書をお買い上げいただき、誠にありがとうございました。
質問にお答えいただけたら幸いです。

◎ご購入いただいた本のタイトルをご記入ください。

『　　　　　　　　　　　　　　　　　　　　　　　　　　』

★著者へのメッセージ、または本書のご感想をお書きください。

●本書をお求めになった動機は？

①著者が好きだから　②タイトルにひかれて　③テーマにひかれて
④カバーにひかれて　⑤帯のコピーにひかれて　⑥新聞で見て
⑦インターネットで知って　⑧売れてるから／話題だから
⑨役に立ちそうだから

| 生年月日 | 西暦　　　年　　月　　日（　　歳）男・女 | | | |
|---|---|---|---|---|
| ご職業 | ①学生 | ②教員・研究職 | ③公務員 | ④農林漁業 |
| | ⑤専門・技術職 | ⑥自由業 | ⑦自営業 | ⑧会社役員 |
| | ⑨会社員 | ⑩専業主夫・主婦 | ⑪パート・アルバイト | |
| | ⑫無職 | ⑬その他（　　　　　　　　　　） | | |

このハガキは差出有効期間を過ぎても料金受取人払でお送りいただけます。

ご記入いただきました個人情報については、許可なく他の目的で使用することはありません。ご協力ありがとうございました。

我々の老後もひとつよろしく的期待が込められていることくらい、妹の私にはお見通しだ。

そう都合よく育つか、と私は冷ややかに見ている。

老いの苦悩にともにオロオロしハラハラし胸を詰まらせるから、死は哀しみだけど、苦痛からの解放であり救いだと、死を受容できる。

私が小学生のころ、同級生の父親が事故で亡くなった。どういう流れか通夜に行った。同級生とは友達でも、その父親とは何の関係性もなかったから、遺体には気持ち悪さと衝撃だけがあった。だが、その遺体に、まるで生きているかのように接する妻と、その涙。訪れた私への優しい笑顔と、笑顔なのに泣いている表情を見た。

ああ死とは、これほど家族を悲しませることなのだ。まだ人の死の意味を理解しきれない小学生の私に対し、よお来てくれた、よお来てくれた、これがこの子の父親やと、泣きながら紹介してくれた母親の姿は、世界には私がまだ想像できないマグナム級の悲しみが存在すると学習したのを覚えている。

父親とは関係性がなかったけれど、「よお来てくれた」を繰り返す笑顔と涙の母親には、子供ながらに、そんな母親を痛ましく感じるという感情の関係性が生まれた。人間の心には、笑顔と涙が共存する哀しみがあるのだと、共有できた。

だが、わが母親はどうだ。

誰も泣かない、誰もが凍りついたままのバーゲン会場。

それが、母の最後を取り巻く孫たちの環境だ。

子がたくさんいて、だから孫も大勢いる。そういう世間の幸せの物差しが、いかに嘘っぱちか。

孫は大勢いらない。ああ悲しいのだなぁ、と感じてくれる孫が一人でもいれば、上出来だ。

その子たちが大きくなり、成人した。

そのころ、まだ60代なのに末期ガンで最後の日々を苦しみながらベッドで過ごす兄がいた。

また、甥たちが親に言われて最後の挨拶をしに、見舞いにやってきた。

兄はもうモルヒネも効かず、空中で溺れるように呼吸していた。

これほど苦しまねば、逝かせてもらえないのか。おおこんなにやせて。それほど苦しかったのか。何かできないか。足をさすってやろうか。口に氷を入れてやろうか。

そんな私のオロオロの前で、甥たちは会話していた。

「肩が痛いの？」

「うん。ゴルフでな」

「昨日ゴルフ行ったん？」

「そう。ドライバーで肩を痛めたみたい」

で、ハハハと笑った。

目の前で、のたうち回る身内がいる。

でも甥たちはゴルフの話ができる。

死にかかっている人がいる。

でも自分たちの問題ではない。

人間とは、かように育ちそこなうと、冷酷な感性を持てる。帰宅後、別の兄夫婦にそれを告げると、「なぜ甥たちを叱らなかったのか」と私が叱られた。

哀しみや慈愛は、それを持てと叱って持てるものか。遺体を見せたから、死ぬ前の断末魔の姿を見せたからって、感性が育つものではない。

彼らは、人の苦悩を見ていても、何も見えていない。

ただ「叔父さんは苦しんで死んだ」という事実のみ記憶に残す。

そして「洋子叔母ちゃんは泣いていた」という事実が記憶に残る。

おばあちゃんの死に駆けつけ、叔父さんの最後にも駆けつけた甥たち、というストーリーは、世間の物差しでいうと、上出来の教育の成果だろう。

しかし、親の期待どおりに育つもんか、という私の予想は、的中したと思っている。

親がこう育てよう、というふうには育たない。

親のあるがままを、子は見て育つ。

## 人は最後に本音を残す

私の父は、高齢期に脳梗塞になり喋れなくなったので、その人生への本音や最後の言葉を聞くことはできなかった。ただ、半身不随の寝たきりの身体で、電動ベッドで座位の姿勢で、筋力がないから前のめりになった上半身にさらにうつむく顔から、ずっと涙と涎《よだれ》がポトポト落ちていた。

顔を歪めて、あきらかに泣いていた。

こんな身体になった自身への悔しさ、情けなさ。死ねない苦痛。「お父さんは好きに生きて、コロッと死ぬ」が口癖だった父の晩年は、父自身が最も忌み嫌った姿になった。

父の想いは、私には、元気だったころの強気な言葉と、あとは涙と涎。それで十分、気持ちは伝わったし、無念さも伝わった。

母も幾度となく人生を嘆いてきた。

晩年に押し寄せる無念には、彼らの人生の振り返りがある。いったいどういう人生を送ったならば、彼らは「いい人生だった」と口にできただろう。彼らは何をしくじったのだろう。そこに、60代という若さで逝った兄のことを思わざるを得ない。

兄の発言には、ガンになるという無念と同時に、吐露した言葉の中に「いい人生」へのヒントがあった。

ガンが肺に散らばり、新薬の抗ガン剤も効果なく、実家で会う度に、「朝、枕が血だらけだった」とか、「今日は枕が何かの液体で濡れていた」とか私に告げた。

言わずにはいられない兄の溢《あふ》れる不安と恐怖に、返す言葉が見つからなかった。やせていき、あきらかに肺病だとわかる咳をし、弱っていった。

そのころ、その兄が私に言った言葉がある。

「お前がうらやましい」

その兄は、働くということが生涯、苦手だった。明るくアウトドア好きの兄だったが、働くことだけができないのだ。この社会にはそういう人もいるのだ。兄は家族を持てたが、働かない父親として父親失格の烙印を押され、家族を持ったがゆえに、家族から否定されるという苦い人生を生きていた。

そのせいだろうか、必死に働く妹や身内に対し、いつも辛口の皮肉を言った。「そんなにカネの亡者になりたいのか」とか「なんでそんなにカネがいるねん」とか。

焼肉屋でそれを言われた私は、「お兄ちゃん。この一枚の肉もカネや。今日の晩御飯一食が、カネや。生きるということは、カネがいるんや」と言った。

「へぇ」と兄は答えた。

支払いは70代高齢の長男がした。支払い時に「な？　これがカネや」と私は言った。60代の兄は、もう何も言わなかった。

　そんな兄に突然「うらやましい」と言われたもんだから、またいつもの皮肉屋さんが始まったと思い、私は反発した。

「働くって、お兄ちゃんが思うほどいいもんじゃないねんで。しんどいねんで。辛いねんで。他人からは楽しそうに見えるやろうけど、実際はしんどいことのほうが多いねんで」

働くことが苦手だった兄に、私の職業がさぞかし楽しそうに映るのだろうと、その時はそう理解した。

兄は口下手でもあった。

思う言葉が見つからない時には、目がきょろきょろ動いた。

「いや、なんというか、その、生きる手ごたえみたいなもんがあるやろ、お前には。俺にはなかった。お前は好きなことを仕事にし、時間をかけて努力し登っていった。そういう時に手ごたえを感じたやろ？　俺はそういうことを経験してこなかった。生きる手ごたえみたいなもんがなかった」

私は特段、ああ手ごたえがあるなぁ、と感じながら生きてきたわけではない。頑張ってきた感はあるが、前向きな感情ばかりじゃなく、ついていない人生だなぁと感じることも多い。実際、仕事というのは楽じゃない。なんとしんどいことか、と思うことのほうが多いのも正直な感想だ。だがそんな私をうらやましいと言う兄に、いつもの棘《とげ》がなかった。

兄は、正直に素直にそれを口にしているのがわかった。

「俺には、生きる手ごたえがなかった」

もう人生が長くないことを知る人間の言葉として、それはあった。

嫌味で皮肉で頑《かたく》なで、すべてを達観したように上から目線で発言する面倒くさい兄が、死を前に、突然、素直になった。

素直になったら、とてつもなく空しい、切ない本音が見えた。


最期に駆けつけた時、私は兄に大声で言った。

「兄弟の中で、お兄ちゃんが、一番、好きだ」

兄はにっこり微笑んでうなずいた。

その後、逝った。

## 人間はささいなことに幸せを感じる

後に、私とは親子ほど歳の離れた後期高齢者の別の兄もガンになった。

ガンになるなり、何度も同じ言葉を繰り返した。

「俺、いい人生やったよな。海外旅行に何回も行ったしな」

このセリフ、前述の私の幼馴染も何度も言った。

「お母さんに親孝行できたよね、私。何度も海外旅行に連れていったから」

人生の値打ちは海外旅行の回数か……。私には釈然としないものがあるが、新型コロナウイルス騒動での自粛期間中に、発見したことがある。

常々、人間の真の喜びとは何だろうと興味を持ってきた。自粛期間にたまたま開いている和菓子屋があった。入ってみると、私以外に数人のご婦人が、それぞれに和菓子の陳列を前に思案していた。その表情は喜びに満ちていた。

自粛期だ。よそ様へのお届けものではない。「あ！　店が開いてる！　久しぶりにお菓子でも買おう。自分のために」のお菓子だ。

ウキウキと迷うご婦人たちの表情を見て、私は人間の喜びを知った。

それはとてつもなく些細なものだった。エベレスト登頂とか、巨匠になるとか、金メダリストとか、そういう世界もあろうが、日常を生きている圧倒的多数の人たちの喜びとは、お菓子だ。

そんな単純な、とお叱りを受けそうだが、私は本気だ。

人間の喜びは、好きなお菓子を買うことであり、ケーキを選ぶことや、行きたい時に百貨店をブラブラできることや、滅多に買わない百貨店の食料品売り場でちょっと高い肉を買うとか、季節の洋服を買うとか、ミュージカルを友達と見に行き、帰りに食事するとか、そして年に一度くらい温泉に行くとか、そんなことである。たまに海外旅行も入るかもしれない。

自粛で制限されて、思い知った。人間の喜びとはこの程度のものであり、これが最大だ。そして、その気になれば、万人に手が届く。

お菓子の喜びとは、単に甘いもので舌を喜ばすことではなく、自由であること、多様な食材から選べる豊かさがあること、お菓子を手に帰宅後の幸せなひとときを想像すること。それら喜びのスイッチとして、一個のお菓子があった。

だから私たち店の客は、ウキウキを隠しきれないのだった。人間の喜びとはなんと些細で愛おしいものだろう。その延長線上に奮発した海外旅行があるとしたら、「私、親孝行できたよね。海外旅行に何度も連れていったから」とか、「俺、いい人生やったよな。海外旅行に何度も行った」という言葉が出るのもうなずける。

一般人として手に届く最大級の贅沢な幸せは、海外旅行になる。

後期高齢者の兄は、ガンになって何度も妻に言った。

「いい人生やったよな。あっちこっち海外行ったもんな」

と同時に、こうも言った。

「でも、俺たちには子供がいない。人間が生きる意味は、子孫を残すことにある。だから、俺の人生には意味がなかった」

はてさて、困ったものだと思った。

高齢の兄は、人生が幸福だったと海外旅行で確信し、人生に意味がなかったと、子がいないことでそれをも確信した。人生を讃えると同時に否定した。

寿命というものを射程に入れると、自分はどういう人生だったか、を振り返りたくなる。世間の物差しの尺度にどっぷり浸かって生きる兄には、満たせたものと満たしそこなったものがあり、自分の人生に点数がつけられないのだ。

## 喜びの記憶がどれほどあるか

私の考えはというと、幸福は確かにお菓子から海外旅行まで全肯定するが、それが本質だとは思わない。その背景にあるのは、自由に生きたか、心身が健康に生きてこられたか、物質的のみならず目に見えないものの豊かさを味わってきたか、感性を育てるチャンスに恵まれ、感動を満喫してきたか、だ。

親を海外旅行に8回連れていった幼馴染は、観劇に誘っても味わうということをしない。「見た」という事実が重要であり、観劇前には終演後にどうやって予約した飛行機に間に合わそうかと、移動手段のことで頭はいっぱいだ。

観劇前にパンフレットを眺めたり期待したり、ではなく、心はすでに観劇後だ。で、見終われば感想を言う間もなく飛び出し、「九州に行くの」と生き生きしている。

人生を謳歌したか、は彼女の場合、何度海外旅行に行ったか、と話題のミュージカルを逃さず見たか、24時間を目いっぱいこなせたか、であり、今ここ、目の前にあるものを、落ち着いて味わうことではなかった。観劇するのだから、それを楽しむために贅沢に一日を使おう、ではなく、いかに観劇以外に用事を詰め込めたか、が意味を持った。

お菓子も海外旅行も、確実に幸福をもたらしてくれると思う。でも、じゃあ人生において何個のお菓子が「いい人生だった」と幸福を確定するか、何回の海外旅行をクリアしたら幸福かというと、それらはあくまで副次的なものであって、本質であろうはずがないのだ。

「いい人生だった」と言い残し、去る人もいる。友人の母親だったが、その言葉に嘘がないことを私は知っている。

その母親がガンになり、やせ細った姿の時、コーラスに参加しに行くというので、発声練習をしてあげたことがあった。たまたま行った友達の家にピアノがあったからだ。私がピアノを弾き、発声練習をお母さまに教えてあげると、目をキラキラさせて大きな口を開けて、嬉しそうに声を出してくださった。

お母さまも、私も嬉しかった。彼女は最後まで人生を〝味わった〟。

いい人生だったか否かは、お菓子の数ではなく、海外旅行の数ではなく、喜びの記憶の数が決めるのではないか。深く脳裏に刻まれるほどの、忘れられないくらいの喜びの数がどれほどあるか。

深く脳裏に刻もうと思えば、まず大前提として、じっくり味わわねばならないし、感動せねばならない。

友人の母親の成功例を見ると、私の家族たちの軒並みの失敗例は、人生の晩年には寂しさが嘆かせるものだ、で片づけられるものではない。もしそうなら、人は全員例外なく嘆いて最後を迎えなきゃおかしい。

父は、涙と涎を流した。

母は、いいことが何もなかったと言った。

60代の兄は、生きている手ごたえがなかったと言った。

後期高齢者の兄は、子がいないから人生に意味がないと言った。

本当にそうか。

## 無念を吐く人に共通するもの

人生を好きに生きることは、とても難しい。好きで子を作っても、子がいるから次なる〝好き〟が叶わないことなど、掃いて捨てるほどある。〝好き〟がない人もいる。誰もが生涯をかけて継続できる〝好き〟に出会えるとは限らず、〝好き〟に出会えたこと自体が、もうラッキーだ。

自分の〝好き〟が周りに理解されなかった時には、あきらめるか孤独に生きるかしかない。〝好き〟を皆から応援され、〝好き〟なことで経済的にも生きられる人は、どれほどいよう。

世間の物差しに準じて生きて、その合間合間に、お菓子や海外旅行を楽しみ、それでも私の家族たちは無念を口にした。

だいたい、私の記憶では母ほど温泉旅行に通った人はいない。私は子供のころから長期の休みには、いつも温泉旅館にいた。

でも、亡くなる前には「生きていてなんもいいことがなかった」が彼女の本音だった。温泉旅行の数では、人生そのものを幸せに塗り替えることはできないのだ。

温泉旅行を楽しむ姿を見る兄たちには、母がわがままに見える。でも、母の言葉が本音なら、世間の物差し的尺度で産んだ子供の数の多さ、経済力のある夫、行き放題の温泉は、母を幸せにしなかったのだ。

## 世間の物差しで生きると、死に際に後悔する

世間の物差しは、「子がいない」兄にとっては、それだけで人生の意味を失わせる。

世間の物差しは、それをすべて手にして幸福感がなかった時に、それが嘘っぱちだったと気づかせ、それが揃わなかった人には、人生に欠落感を負わせる。

物差しどおりに生きても、物差しどおりに生きられなくても、どっちに転んでも誰も幸福にしない。

世間の物差しは、なんと非情な詐欺か。

この詐欺的思想を、私が早くにどうもおかしい、と気づいてたどり着いたひとつの答えに「女性学」があった。

親子とはいえ、男女のわかり合えなさや、世間の物差しに準じて大人しく生きたほうが生きやすい社会の基本の価値観には、必ず女性学でいうところの「ジェンダーバイアス（性別が関係する偏った考えや偏った社会秩序）」がからんでいる。

子を産むこともそのひとつ。皆が万歳、おめでとうという。それが幸せだと信じて疑わない。

おめでとう、おめでとうと拍手されながら、母は子を産み続けた。

私もまた、普通に世間の物差しを刻んで育っているから、自分の子を願った。

子を作ろうとして、母に「シングルマザーになるからね」と言った。母は私を睨《にら》みつけ、深いところから怖い声を絞り出すように、唸《うな》るように言った。

「やめとけ」

いろんなバリエーションで叱られてきた私だったが、母親が、娘がやろうとしていることに心の底から反対する時には、こういう声を出すんだ、と驚いた。

……やめとけ……。

怒鳴るでも、声を張るでもない。静かに、本気で反対する人の声だった。

もし、子育てが世間でいうように、幸福を間違いなくもたらしてくれるものなら、

「離婚したけど、子供がいて本当によかった」が真実なら、なぜ母は反対するのか。

母の「やめとけ」は、6人の子を産み育てた女が言うと、凄味《すごみ》があった。

父は父で、「子を産むなよ。結婚もするな。自分の人生を独り占めしろ。最後まで自分のためにだけ生きろ。好きなことやって、好きなところに行って、自分だけ楽しんで生きろ。子を産んだら、女は人生最後やぞ。もう、育てるしか選択肢がない」と言った。

自分の妻には山ほど産ませておいて、溺愛《できあい》する娘には「損や。産むな」と悪魔が囁《ささや》くように耳打ちした。

「世間では、あれが幸せということになってるけど、嘘やからな」と。

両親は、とっくに世間の物差しが詐欺だと知っていた。母はオオカミが唸るように脅し、父はスパイのように耳打ちして、「あれ、詐欺やぞ」と娘に教えた。

女性学を習わなくても、気づく人は気づく。だが、彼らも子を産んで、初めて気づい

たことだった。

父は言った。

「子を作ってよかったと思うのは、３歳まで。あとは、作らなければよかったと後悔することばかり」

「子供を産んでよかったわ」と言うご婦人を見ると、世間の物差しが自分としっくりと合ってよかったなぁ、と思う。さぞかし生きやすいだろうな、と。

このしっくり感が生涯続くかどうかわからないが、この物差しは大勢が共有し、大勢が一時的にせよ幸福感を得られるものだから、時代を超えて共有されてきたのだと思う。

母の無念は、子を産んだことではない。

子を産むこと、そのものが詐欺に引っかかることではない。

この時代とこの社会では、子を産むことで、大きな何かを失うのだ。得る幸せより大きい、取り返しのつかない何かがそこにあるのだ。

働くことが苦手な60代の兄は「父親は働くべき」の物差しを前に、子がいても自らの人生を否定した。

70代の兄でも「子なきは不幸」の物差しでは、何度海外旅行に行っても欠落感が拭えない。

## 「子だくさんだから老後は安泰」は大間違い

お菓子から海外旅行までの幸福感では「ああ生きた。よく生きた」という手ごたえ、人生のリアリティのようなものは獲得できないとわかる。

そのことに気づかないまま、最後にわが人生を振り返ってみた時、これまで考えたこともなかった大きな採点表がいくつも同時に降りかかる。

自分の人生はこれでよかったのか。

幸せだったと言えるか。

よく生きたと満足できるか。

意味を見出せるか。

生きた手ごたえはあったか。

……それらに答えられるわけがないのだ。

そもそもが世間の物差しで生きてきたのに、人生に点などつけられなくて当然だ。

「家庭を守る」という美しい響きの前に、母は、子をたくさん産んだために人生丸ごと、自粛になった。「家にじっとしていることが苦手でなぁ」「他の女性みたいに家にいることが辛いんや」と言った。「家にいてもやることがない」と嘆いた。

気分転換に行く温泉旅行は楽しくても、その後、生活の基本が自粛期間中で、人生そのものが先の見えない自粛期なら、その人生はどれほど息苦しいものか、今ならわかる。

世間の物差しどおり男らしく生きようとした兄たちも、一方は、父親失格であり、もう一方は、父親になれなかった男としてアウトなのだ。

「世間を見てごらんよ。犯罪者の親になる可能性もあるよ。子がいることがそれほどどうらやましいなら、じゃあ、わが子にしたいほど可愛い甥はいる？　どの子も一長一短でしょ？　子は幸福の絶対条件ではないよ」と説得しても、無駄だった。

子がいないから欠落感があると兄は言うが、実は、子がいないことをその理由に兄が勝手にしているだけで、欠落感の本当の理由は別にあると私は思う。

60代の兄もまた、私が「働かないで暮らせるなんて、皆がうらやましがる暮らしだよ。釣りしたりパチンコ行ったり喫茶店行ったり。のんびりした人生を願う人もいる」と言ってみても、兄の「生きている手ごたえがない」は説得できるものでもない。

世間の物差しにどっぷり浸かって生きてきた人が、それ以外の発想になることは難しい、と兄たちを見ていて思う。そして、その物差しは多数の合意は得ていても、決して完全無欠のものではない。

私が気づいたように、父はそれが詐欺だと見破った。母も見破ったが、世間の物差しから脱することなく、無念の言葉を残した。

兄たちは、どっぷりその物差しの中に浸かっている。そして、ずっと欠落感に悩む。世間の物差し的幸福はどれもこれも、それが幸せの絶対条件にはなり得ない。それで幸福感を得られる人を否定しないし、そこに喜びがあるのなら、それを祝福もできる。
だが、社会も人間も、もっと複雑で多様だ。
欠落感を持たずに済む人生は、どうやったら手に入るのだろう。
どうすれば、「楽しい人生だった」が本音として吐けるようになるのだろう。
本人が「よく生きた」と感じることができれば、きっとそうなのだ。
その生きる「手ごたえ」や「意味」の拠り所は、どこにあるのだろう。

## 家族や伝統を重視する人たち

人生の最後に無念を口にする私の家族たちに共通するものは、まずは、彼らの世界が、ほぼ家や家族にあるということだ。家業もそのひとつだ。

彼らにとっては聖域であり、引き継いでもらいたい伝統があるからこそ、子孫繁栄を実行した。

現代では違和感があるくらい古い行事に執着する私の家族にとって、正月行事は象徴的だ。

男たちは男であるという理由で世代を問わず宴席に座り、女たちは女であるという理由で、一日中を台所で過ごす。母はさしずめ嫁たちの指揮官だった。家族という聖域は、家長である父、後には長男が指揮権を持った。

ある兄の私への発言がある。

「お前は女だから、両親の面倒を見て、家事もすべてやって、それでも時間があれば、好きなことをすればいい」

バカじゃないかと一蹴し、芸能界に入った。

それから数十年後、保守的なある地方で講演をした後、市長が出てきて、「今の講師の話はわがままです。女は家の勤めを最優先せねばならない。まず家のことをやって、時間があったら好きなことをすればいい」と閉会の挨拶をされた私の経験からも、この価値観はわが家だけの物差しではない。

社会と時代を盾に、兄は私に「家にいろ」と言ったのだ。

父は社会と時代を敵に回すとわかっているから、こそっと私に耳打ちしたのだ。「好きに生きろ」と。かように、考え方の柔軟さに世代や年齢は関係ない。

姪などは、まだ30代だが、私に「洋子叔母ちゃんはわがままな女性だから、子を産む権利はない」と言う。「どこがわがまま？」と聞くと、「自由に生きている」と言う。

これが、いまだ女性が生きる物差しだ。

甥たちも家族行事を非常に愛する。そりゃ、男たちにとっては楽しい行事だらけだ。いつもどんな時も飲んで食べて会話を楽しむのは男性側で、女たちは準備と後片づけでロクに食事もとれていない。また甥たちは黙って従う女性たちを見事に妻に選んでいる。

私が子供のころから疑問だった光景は、時代を経て、台所で働きづめの兄嫁たちの姿から、甥の嫁たちの姿に変わっただけで、宴席で騒ぐ男たちが兄たちから甥たちに変わっただけで、こういう思想はちゃんと引き継がれていく。

私は保守思想の若い男性たちに疑問を持たない。なぜなら、わが身内の20代から30代は、極右かというほど保守的だからだ。

宴席で楽しむ正月は、女たちも楽しいと〝男たちは〟思っている。前夜の年越しそばに始まり、おせちに雑煮にと動く女たちの目のクマは見ていても見えていないばかりか、着物を着てほしいと希望する。家事の合間に座り込む姿も、見ていても見えていない。

ただ「正月は楽しい」と皆思っている、と兄たちは信じている。

ここでも、兄たちは世界のリアリティを完全に摑みそこなっている。

## 死者の無念は生き続ける

私は、家族の介護や看取りの後、人生で大切なのは見事に生ききること、好きに人生という時間を使いきること、といった解を得ていた。

だが、具体的にはどう生きれば生ききることになり、好きに生きるとは何を指すのかが明言できず、隔靴《かつか》搔痒感《そうようかん》が拭えないでもいた。

介護経験者にとって、自分の介護の評価は、看取り後にやってくるものだ。その評価が自責の念につぶされないためには、お年寄りがいかにその人生を充実して生ききったかが、残った者にとって重要だと実感していた。

見事に生ききった父親の看取り後は、「お前たちも自由に生きろ」というメッセージが残り、無念を吐く母の看取り後には、重い十字架を背負わされた気持ちで生きてきた。

死者の無念は、残された者たちに無力感を与える。母の人生を振り返ると、なんともしてやることができなかった苦い後味ばかりが残る。

そこで得た解は、晩年の数年間の介護の質は、人生そのものを覆《くつがえ》せないということ。仮に介護が粗末であろうと、もし80年の人生が充実していたら、その事実のほうが圧倒的に勝つ。介護の粗末さなど、人生80年に比べればちっぽけなものだと感じさせてくれた。介護は人生の質に勝てない。

質とは、どれほど納得した時間を生ききれたか、好きに生きたか、だ。介護に関わると、その人の人生の質に関わらざるを得ないのだ。

人生の質を問う時、まず、その人が人生をどう捉えてきたか、その人の世界観をのぞき見ることになる。母や兄は、世界のリアリティをどう掴んできたか。

高齢で長年家長をしてきた兄は、自分の意見に同調する者しか信用しなくなった。

なぜ彼は、一個の見方しか認めなくなったのだろう。

世界は多様な物の見方をする人たちで構成されていて、兄の意見はその一部に過ぎないということを兄は認めようとしない。圧倒的多数はさまざまな個々の物の見方に満ちており、同じ物を見ていても意見は異なる。自分が単なるその一部だとわかっていれば、いちいち異論と出会っても逆上しない。「ああ、あなたはそういう考えなのですね」で異論を認められ、流せる。同調する必要もないが、排除する必要もないのだ。

世界は、言葉でできている。世界と出会うとは、他者の言葉と出会うことだ。他者の言葉を封じたり、関心を持たないことは、世界との出会いを自ら閉ざしている。

異論と出会い、初めて人は、自分の意見や考え方を知ることができる。異論こそが自分と出会わせてくれる。兄の欠落感は、子ではなく、自分自身との出会えなさにあったのではないか、と私は思っている。

## 「人生の嘆き」は歳をとるほど顕在化する

母は旅行に出かける度に、たまたま乗り合わせた隣の他人に、自分の人生を嘆いた。父の悪口に始まり、不幸な結婚生活、その結果としての不具合の多い身体を延々嘆くのだ。新幹線の隣であれ、飛行機の隣であれ。露天風呂の湯船の中であれ。偶然隣り合わせた人は迷惑だ。聞きたくもない他人の愚痴を、ずっと聞かされ続けるのだから。

一度、病院の内科の診察時に、この嘆きが始まり止まらなくなり、母は主治医に「精神科に行くように」と促されたことがあった。その医師に「この症状はいつからか」と問われ、私が「子供のころからです」と答えると、「ならば性格だ。精神異常ではない」と帰されたことがある。

　母の嘆きは一般の人が聞くと、病気かと疑われるほど執拗《しつよう》で長い。そんな母を、私は恥じたし止めもした。

「なぜ自分のことを他人にべらべら喋るのか。みっともない」と諫《いさ》めた。

　また、母に「人生でしてみたかったことは何？」と聞くと、「男女のグループでわいわい喋っている光景があるやろ。ああいうのを経験してみたかった」と言う。

　私たちが日常、なんてことなくやっている行為が、母の時代にはなかった。10代で嫁ぎ、あとは子育てだけの人生には、男女がグループで喋る、ということが憧れだったのだ。どれほど閉ざされた世界で、昔の専業主婦は生きていたのだろう、と愕然としたことがある。

　母の言動からは、母の「世界との出会いたさ」が痛切に伝わる。たまたま鉢合わせした他人にまで、母は自分の人生を語ることで相手の言葉と出会いたかったのかもしれない。喋り続けたということは、世界の扉をノックし続けたとも解釈できる。

男女のグループというが、大勢の人たちと意見交流をするのが夢だったとすれば、子育てだけの人生で失ったものとは、あきらかに世界との交流だった。

私をうらやましいと言って他界した60代の兄の言葉は、単に番組で喋る妹を指して言ったのではなく、大勢の人たちに批判される姿と、そこで格闘する姿を見て、そうやって存在する妹を見て言ったのかもしれない。

働くことがうらやましいのではなく、テレビに出ることを指してうらやましいのではなく、彼は「生きる手ごたえ」と言った。

他者と格闘し自分を見つけていく〝手ごたえ〟を指したのではなかろうか、と今そう感じている。家族の中だけで生き、生涯働くことが苦手だった兄の欠落感たるや、いかばかりかと今では理解できる。

それは「働かずに生きられてラッキー」程度の言葉では誤魔化しようもないほど、彼には家族はいても、世界や自分をリアリティを持って感じる機会がなかった。

生存は、生きることと同義ではない。兄は経済面ではなんとか生きてこられたが、自分の人生を生きる〝手ごたえ〟はなかった。

自分がどれほどユニークな生き物だったかを知らず、生きる手ごたえなく人生の終盤を迎えたなら、そんな人に対し「人生を生ききりましょう。好きに生きましょう」という言葉がいかに掛け声に過ぎず、いかに上っ面をなでるだけのものか、今の私にはわかる。

他界する直前に私が言った「お兄ちゃんが、一番、好きだ」は、生涯を兄弟からも家族からも否定され続けてきた兄にとって、おそらくだが、初めて出会った〝異論〟だ。

## 生き損じた人の看取りは悲しい

父が見事に生ききった感があるのは、父が商売で日本中を飛び回り、各地で商売人たちと丁々発止と渡り合う姿が記憶に残っていることにもある。数えきれない喧嘩をし、酒で暴れ、同時に人に愛され、生涯、愛人もいた父だった。

大勢の人たちに揉まれ、父は父の個性を発揮し、どこかで誰かに「商売上手」とでも評価されたのだろうか、生涯を働き、財を成した。どうしようもない短所もあるが、憎めない愛らしさもあった。

父を父たるものとして作り上げたのは、子たちではない。父が出会った世界が父に批判や賞賛などの言葉を与え、父の個性が完成した。世界が作ってくれた父と、子もまた出会うのだ。

ここで「よく生きる」ことの答えが見える。

それは行った海外旅行の数ではない。残せた子孫の数でもない。財産の多さでもない。人は誰一人として、同じ人間はいない。誰もが個性的なのだ。その個性と自分自身が出会えたか。

個性とはユニークさであり、個性ほど愛おしいものはない。人は誰もが唯一無二の掛け替えのない存在なのだ。そのことを、自分自身がリアリティを持って摑みとれたか。自分が自分と出会えたか。それを教えてくれるのは世界との出会いだ。世界は自分が誰かを教えてくれる。

無念で逝った母。首を傾げながら逝った兄。欠落感を埋めきれない兄。彼らが自身のユニークな個性と出会っていなかったならば、私もまた、彼らの個性と出会わず見送ったことになる。

看取り後の欠落感、無力感は、そこに起因していると思えてならない。もし、彼らが自らの個性と出会い、生き生きと人生を過ごせた印象が私の中にあれば、どれほどお粗末な介護でも「彼らの人生の充実感に比べれば、ちっぽけなことだ」と思えたのではないか。

充実感を〝手ごたえ〟と置き換えてもいい。「よく生きる」こととは、「手ごたえを感じる」ということに他ならない。

介護はしょせんお手伝いであって、お年寄りや要介護者の人生の質を左右できるほどの力はない。無力感を前提として介護はあるが、無力感を軽くしてくれるものが、お年寄りがどう生きてきたか、その人生が楽しかったか、生ききったか、という印象なのだ。

生きそびれた、生き損じたという人を見送るくらい、悲しいものはない。

自己否定感とは、世間の物差し的尺度で生きてきたら。避けられないものとしてある。自己肯定感とは、自身が世界と出会い、そこで自分や個性を見つけ、勝ち取る手ごたえそのものにある。

同時に、ちゃんと生きる、見事に生きることは、介護へのカウントダウンを生きている我々にとって、介護をしてくれる次世代に向けての生き方の礼儀でもある。

# 第四章　老いの先取り

## 老後は人生の総決算

好きに生きても無念が残る。それが父の介護期の姿だった。背中を丸めて泣く姿が、脳裏から消えない。父の人生の無念は、コロッと死ぬことができなかったことだ。

こういう老後は、彼には想定外だったのだ。父が最も忌まわしいとした寝たきりと半身不随が、彼の人生の最後にきた。でもねお父さん、身体にいいことをほとんどしてこなかったから、こうなって当然の老後の姿じゃない？　と私は思うのだ。

つくづく老後とは、人生の総決算だと思う。これまでやってきたことの負債を、自分の身体で返す時期が老後だ。

例えば、喫煙に関する情報は、身体に悪影響を与えると警告する派（今ではこれが主流だが）と、「でも90歳になっても肺ガンにならず元気な喫煙者もいる」ことで喫煙を許す派と、大きく二つに分かれる。

社会全体が禁煙に舵を切っても、私が昼に出かける公園では、ビジネスマンたちが数十人、オフィスビルから出てきては喫煙をしている。決まって彼らは腹が出ている。

そんな彼らの煙をかき分け、私は公園をジョギングしている。

あんたたち、その習慣のツケは老後に自分で払うことになるからね、と心の中で毒づいている。

私の家族は、喫煙者の兄３人が肺ガンになったというのに、他の兄は「えーねん」と言って喫煙を続けている。肺ガンの苦しさを目の当たりにし、母の喫煙からくる肺気腫で苦しむ姿を見ても、「えーねん」と言って禁煙しない。

学習は、それを学ぼうとする人にしかできず、老後を想像しない人には、現実は何の意味もなさない。

両親が介護期に苦しむ姿を見てきても、老後のことは知らん、と言い切れる人は、老後に対して常に他力本願である。

誰もが健康オタクレベルで努力しましょうとは思わないが、自分の身体を粗末にしてきたら、そのツケは自分の老後でちゃんと支払わねばならない。

父がよく言った「好きなもん食べて、好きなだけ飲んで、コロッと死ぬ」は、私が現実を見てきた限りでは不可能だ。

父が愛した肉の脂身や深酒は、糖尿病、心臓病、脳梗塞、寝たきりという負債を、父の身体で支払わせた。

## 老後の苦難は事前の努力で軽減できるか

母の老後の虚弱も、長年の喫煙と食事のテキトーさにあると今では理解できる。老後の母親は魚の干物のように枯れ、小さくなっていき、会う度に私の知らない人に変容していった。食事をテキトーに済ませていると、身体はちゃんと栄養不足になり、それらが筋力を弱らせ、全身の関節に痛みを生じさせ、歩くことをあきらめさせる。

今では老後の虚弱をフレイルという言葉で表すほど珍しくない様態になっているが、じゃ、なんでそういう身体になったか、だ。

もっと早くに身体は「ここが辛い」とか「ここが変だ」というシグナルを出していたはずだ。なぜ、そこに自分自身が手を差し伸べなかったのだろうか。老いたから、というのは便利な解釈で、老いのせいにしたら、一切の身体のメンテナンスを疎かにできる。

健康寿命がギリギリまで長い、老いの成功例を私は目にしたことがないが、両親の寝たきりになる前の10年間ほどの体調不良は、事前に手を打っておけば、もっと楽な老後へと変えられたではないかと思えてならない。

呼吸が苦しいのだから喫煙をやめろという声には、母は「嫁が栄養のある食事を出さないせい」と言い、喫煙を続けた。どこまで他人事の身体なんだとあきれる。

「えーねん」と喫煙を続ける兄や、無知がゆえに暴飲暴食で糖尿病になった父や、あきらめて生きる母には、共通して、そのツケは老後に自分で支払うことになるという未来予測が欠けている。

どんな生き方をしても、なかなかコロッとは逝けない。

人は必ず介護をされて生きる期間がある。他人が自分の身体に関わるのだから、その多くはストレスになることくらいは予想できる。

父のおむつも、つけ方に差異があり、きつすぎる人や、ゆるすぎる人などバラバラだった。喋れない父には、さぞかしストレスだっただろう。

母は喋れるぶん、ヘルパーさんを怒鳴り続けたが、他者は自分の気に入るようには触ってくれない。病院では点滴が嫌だという主張が認められず、自分で点滴を抜いたら、その両手を縛られたお年寄りを見たことがある。

「嫌だ」という主張が無視されるのが高齢弱者であり、その時期が介護期だ。

## 親の老後は自分の老後の未来図

高齢者の怒りは、「老化だから」「歳だから」と無視されることが多く、まっとうな怒り、主張としてなかなか聞き入れてもらいにくい。

「怒っている」という声をあげれば、問題のある高齢者として理解される。

介護期に待ち受ける身体的苦痛と精神ストレスに思いを寄せてみれば、身体を大事にしない生き方をしていたら、辛い老後が待っている、ということくらい想像できないものか。

高い目標を目指せというのではない。喫煙は身体に悪い。栄養はとり続けないと身体が弱る。こんな最低限のフツーのことですら、私たちはなかなか実現できていない。

じゃあ、そう生きたら健康寿命が延びると保証できるのか、寝たきりの期間は短くなるのかと言われたら、それは実験ですとしか言えない。少なくとも、身体を大事にしなかったツケは老後に支払うことだけは、両親をはじめとする家族の多くが、自分の身体で証明してくれている。

その苦しさに向き合うほどに、先人のしくじりを無駄にしない生き方をするには、挑戦しかないと思う。

介護に関わるなら、老いに苦しむ親と一緒になって、辛い思いをするほうがいい。老いとはこういうものだからと思考停止をすると、ちょっとは気持ちは楽になるだろう。だが感覚を鈍らせることが意味するのは、自分の老後にも、また目をつぶるということだ。

しっかり見ることで、自分の老後もしっかり想像できる。老いは誰もが初体験で、「ええ！　こんなことになるの！」と、身体の老いと出会う度に驚く。その延長線上に死がある。死までいったいいくつの驚きを経るのだろう。その驚きの度合いは前もって知っておくほうが得策だ。心構えができるし、そうならない方法を探ることも可能だ。

同じような遺伝子を持つ親なら、情報の宝庫だ。自身の老後の身体事情も想定できよう。親の老後は、自分の老後の未来図だ。その意味では、介護ほどそれを知る上で、よい機会はない。

また、介護する機会がなかった人には、その幸運な人生を楽しんでほしいと願う。介護は時間を奪われるし、辛い思いもする。自己否定感に苛《さいな》まれもする。

介護する人としない人の違いは、介護する環境にあるか否か、できる状況だったか否か、したいと思える関係性があったか否かの違いだけだ。

時間を奪われ、なおかつ、介護した人ほど苦悩を背負うという理不尽さが介護にはある。想い出の数だけ後悔が残る。お年寄りを丁寧に介護するほど長生きし、介護期が延長される。放置したら褥瘡《じょくそう》だらけで栄養失調ですぐ亡くなる。手をかけるほどに介護期が延びるという介護とは理不尽なものだ。

頑張れば楽に早く逝ってくれるというのではないのだから。頑張ったら苦しい老後を長引かせるという、お年寄りにとっても不条理なものだ。

老いの苦悩を見て楽しい人などいなかろう。苦悩を見て自らも辛い思いをするのが介護だから、そんな経験をせずに生きられたなら、それを存分に楽しんで生きてほしい。

介護する者も、しなかった者も、両方に得るものと失うものがあるのだから。

## 人間は「死を考えない仕組み」になっている

まったくの推測であり、学術的根拠があるわけではないが、人間はそもそも生きる努力しかできないようになっているのではないかと思う。

母は、死の願望をよく口にした。身体的苦痛が、そう言わせていた。呼吸が苦しいし、全身が痛い。「まだ死ねないのか」とよく言った。友人の父親もまた、意識が戻った時に言ったのが「まだ生きているのか」という怒りの言葉だったという。

両者とも、死は願望としてある。でも、例えば、顔を水につけられたら息をしようと顔を上げるように、呼吸はそれをしようとしてしまうのだ。呼吸が苦しく死にたいと言えども、同時に、楽に呼吸ができる努力のほうを人間はしようとする。

酸素チューブをつけ、深呼吸を繰り返す。これは楽になろうとする努力で、その先には、生への無自覚な執着がある。本能は「生きろ」と24時間言っている。

死にたいと言って「苦」を選ぶのではなく、死にたいと言いつつ、「楽」を選ぼうとする。楽はすべて生へと通じる。人間は死への努力などできないように作られている。

何を口から発しようが、楽になろうとする行為そのものが、お年寄りの生きるための努力に他ならないのだ。

冷えたトーストを出したヘルパーさんが、母に怒鳴られた。

「熱いものは熱いうちに。冷たいものを先に。順番を考えて食事を出せ」と。

焼いた食パンを冷めてから出されることに対する怒りは、生きるための怒りだ。本能はおいしいものを食べたい、と主張している。

入院中、久しぶりに便が出た母は、小躍りして喜んだ。下腹が張る苦痛からの解放は、つまりは生きられることへの喜びだ。本人はそこまで自覚していないだろうが、「ああ、楽になった」と喜べることの多くが、生きることと直結している。呼吸、食事、排せつ。

介護とは、「死にたい」という嘆きを聞きながら、それでも生きる努力のお手伝いをする行為なのだと思う。一個一個の苦痛を取り除く手助けをすること。それはお年寄りの苦悩をちゃんと聞いてあげることからしか始まらない。

「辛い」を聞いて、「歳だから仕方がない」と対応することは、あなたの生きようとする努力に協力するつもりはない、という返事になっていることに、どれほどの人が気づいているだろう。

それは医師もしかり。どこが辛いのか、どうすれば楽になれるか、をともに考え、工夫する。それが死ぬまで続く「介護」というものだ。

## 「寝たきり」の声は常に無視される

90代の知人男性がいつも言っていた。「どの病院に行っても、歳だから仕方がない、で終わらせる。理由が歳だからというのなら、病院も医者も存在する意味がない」と怒っていた。

90代の「楽になりたい」という訴えに、どれほどの人が真摯に耳を傾けているだろう。

寝たきりの母には、マッサージが最大の喜びだった。委縮した筋肉と血行不良を楽にするマッサージ。これも、また生きる努力に他ならない。

「楽になりたい」という訴えは、「生きたい」という訴えと１００％重なる。次に楽になれるのは死しかない、という発想を持たせることは、いかに、そこにある苦痛を周りの人間が放置したか、という表れだと思う。

この世界の一番の弱者の声は、弱者ゆえに放置される。健康な中高年の怒りや訴えに社会は耳を傾け、議論をしても、ツイッターもフェイスブックもしない寝たきりのお年寄りの怒りや訴えは、「もうすぐ死ぬ人」という位置づけの中で放置される。

寝たきり高齢者に、当事者としての集団訴訟はできない。こんな老後期はおかしい、と議員に立候補する寝たきりもいない。

この社会の冷たさや保護の薄さを寝たきりになって初めて知っても、もう国家への苦情として弁護士を動員できないのだ。

「もう寝たきり」と位置づけられれば、この社会で最も弱者になり、やがて死にゆくことでそこにある怒りもまた、なかったことにされる。その前にお年寄り本人があきらめて黙る。

彼らの怒りとは、もっと上手に介護せよ、痛いやないか、食事がまずいやないか、身体介護が乱暴やないか、うまく風呂に入れられる技術はないのか、という、しごくまっとうな主張ばかりだ。

母が「携帯電話を私もほしい」と言い出したことがあった。

家族皆が無視した要求だった。「誰かと喋りたい」という、人間として、しごくまっとうな要求をも、もう間もなく死ぬのに今から携帯持ってどうするのだ、という「寝たきり」の枠組みで聞いてしまう。

今思えば、寝たきり高齢者の要求とは、苦痛をなくしてほしい、寝たきりになっても楽しみたい、という当然すぎる要求だったのに、私ですらそれを聞き流した。

寝たきりの楽しみは、テレビつけときゃ、それでいいのだろうか。人と喋り、好きな音楽を聴き、社会の誰かと繋がる。意識がなくなる、その日まで。死を待つのが、寝たきりじゃない。人生を楽しむのが、寝たきりだ。私たちが、その手段を放棄しているだけだ。

90歳の知人が「歳だからで片づけるな」と怒ったのと同様、「寝たきりだからと無視するな」という怒りは、社会にも、下手したら家族にも届かない。

一番の弱者は、一番おとなしい。

## 老いを先取りする

子の成長期には、親も社会もなんとかして無事に成長してくれと、せっせと世話を焼く。食事や環境、勉強、果ては就職まで。うまく成長しそびれた時の厄介さを知っているからだ。

社会に適応できない大人になったらどうしよう。病気になったらどうしよう。就職先は無事に見つかるだろうか。そうやって見守って育てるし、本人にも努力させる。

大学に行こうがアーティストになろうが職人になろうが、道は違えども、大人になるまで20年間くらいは家族も社会も応援する。

なのになぜ、健康管理の責任を自分自身で負う世代になった途端、その後に待ち受ける老いに対して、誰もがこうも無防備になるのだろうと思う。

老後は思考停止しても、なんとかなると思っているのだろうか。老いて病気になったらどうしよう、幸せな老後や終末期を迎えられるだろうか……。こういった不安材料があるのに、どういうわけか、その準備や努力をしないでも平気でいられる人が多い。

墓の準備はするくせに、なぜ自分の「老いの準備」はしないのだろう。

老いの準備は、若いころから始まっている。まず健康でいることへの意識。酒・タバコのコントロール。栄養摂取の意識。テキトーに生きない。コンビニ飯が生活に根づかないようにする。こうした努力が必要だ。

少し老いを意識する40代くらいには、その人なりの体形や血液検査などからくる結果に合わせての、食生活や運動習慣などの改善。50代は、高齢期と言われる70代から振返ると、20年前に相当する。その時期には、自分の高齢期を意識した生活空間の確保。50代で手に入れた家が石段だらけでは話にならない。小洒落た家より、暖炉より、安全を最優先に、バリアフリーを確保したほうがいい。

真実老いたら、もう老いたことの自覚が持ちにくい。60代後半以降は、環境の変化に適応できない、守りと現状維持の時期がくる。

また、食生活も面倒になり、生きる意欲より面倒くささが勝つ。生きることは面倒くさいことに満ちている。それをクリアできる体力と気力をいかに維持できるかは、40代くらいからの生き方次第と言っていい。

老後の資金繰りまでは想像できても、自分の身体の健康や老後の幸福感に至るまでの具体的努力を、どれほどの人がしているだろう。

ぽっくり逝くかもしれないし、どんな病気になるかわからないし、老後は考えても仕方がない、は思考停止に過ぎない。

見本は、親をはじめとする高齢化社会にはうじゃうじゃいるが、老いて病気にならないための努力項目は、確立されているものではない。

運動はいいが、関節を痛めかねないし、無茶な食事療法もリスクはある。でも、身体が発するシグナルは、必ずあるはずだ。

ずっと一人家にいて、認知症になった、ではなく、まだ自分で判断できるうちに、社会参加できる環境作りは、自分でできるはずだ。

やがて、自己努力が無理になる時期がくる。実際に老いた時には他人まかせにするしかない、本当の老いがくる。

## 「老後の末路」からわかること

老いの多様な身体的苦痛、多様な病態は、家族やヘルパーでは満足なケアを期待するのは難《かた》し。それを放置するくらい、危険な老後はない。目をつぶってまっすぐ走るようなものだ。

喫煙者のガン患者を、私の世代ですでに何人も見てきた。皆さんもそうだろう。それでも、なお喫煙を続けますか？

若いころはたくさんの食材をテーブルに並べていた兄嫁も70代になると、めっきりおかずの量が減った。兄は「運動はしんどいから嫌」と言う。老いれば、どんどん筋肉量が減る。この現実に対し、今からどういう努力ができるか。

事情はそれぞれあるにせよ、老いを先取りすることで、できることはあまたある。

障害が出てからバリアフリーにするのではなく、障害を前提としたバリアフリーの暮らしを早めに選んでおけば、まず転ぶことは避けられる。

寒暖差の激しい土地なら、一定の温度を維持する環境を若いうちに作っておけば、少なくとも脳出血は避けられる可能性が高くなる。

もう高齢の兄夫婦を思い、実家にそういう環境を整えたら、兄嫁に叱られ拒絶された。

「脳出血しようが、それで死のうが、私の勝手。ほっといて」

そうだろうか。脳出血で死ねるだろうか。倒れたらまず病院に連れていかれる。そこで処置される。そこからが長い闘病の始まりだ。

やがて寝たきりになるまで弱っていき、いろんな身体の不自由さのストレスに、気持ちがくじける。それが、私が見てきた高齢者の姿だ。

自分が高齢期に入ってもなお、「ほっといて。死ぬのはこっちの勝手」と言える。

だから、そう簡単に死ねない、というのに……。死ねなかった人たちを介護してきたくせに……。

今、私の周りにいるお年寄りたちの苦悩を見ていると、それらは、なるべくしてなった、と私には見える。避けられたのに、という悔しさがよぎる。

歳をとってから環境を変えるのは、私の母もそうだったが、お年寄りの反発が強い。

母は「自分が死ぬまで、家の物に一切触るな」と命令していた。新しい環境に適応できないからだ。不便な間取りの中を、歩行器で動くのもままならない暮らしだった。

だから、老いを先取りして、若いうちに、まだ環境の変化に対応できるうちに、老いの暮らしを作っておくことが大事だ。

目が見えにくくなったことを想定した収納。身体が不自由になっても動きやすい動線づくり。それらは本当に老いてからは、できないプロデュースだ。

老後は、なんとかなるものではない。それは、なんともならない老後の末路を見ているとわかる。私たちは本当に老いたら、そのことに気づけないことに気づこう。

目の前のお年寄りと関わろう。老いを先取りするのに、彼らくらい手立てを提案してくれる存在はいない。

親がいるなら、親から。親が遠ければ、知人の高齢者。知人に高齢者がいなければ、社会にいる高齢者たち。関心を持って関われば、老いを先取りできるヒントはいくらでもある。

つまりは、その気があるかないか。

この社会は、老いに満ちているのだから。

この挑戦は、高齢化社会の次世代ができる、新たな未来像づくりだと思う。

## 「死にたい」が「殺してくれ」になる時

どうしても心に引っ掛かる事件が起きた。医師二人による筋萎縮性側索硬化症《きんいしゆくせいそくさくこうかしよう》（ALS）の女性の嘱託殺人だ。寝たきり、不自由、病気という条件のみを考え、そこに介護があるならば、この事例には、寝たきりの高齢者の心中を学べるヒントがあるのではないかと思えた。また、彼女の有り様は、私自身の未来にやってくる可能性のある姿でもある。単身女性。仕事しかしてこなかった。一人で老後を迎え、一人で寝たきりを迎える。

家族に見守られない環境下での介護生活では、どういう状況下において死を強く願うのだろうと、公開されている彼女のフェイスブックやツイッター数年間ぶんを全部、読んだ。

彼女の声を聞くことで、要介護者にとって何が苦痛で何を絶望と感じるかを知ることができる。

「死にたい」が「殺してくれ」に変わる臨界点は、どこにあるのだろうか。

事件後、同じ闘病患者から、安楽死の議論に対して怒りのコメントが出た。

生きる権利を主張し、専門家と言われる人のコメントも、彼女が死にたくなるような社会の価値観を作った我々も、殺人医師と共犯だ、といった内容だった。「死」だけにフォーカスをあてると、生きる権利となる。私が関心があったのは、どういう状況下で死を本気で願うようになるかだ。

彼女のブログを読む限りにおいて、病気を嘆きながらも専門家が言うような「生産性がなくなった人間は不要である」「迷惑しかかけない身体は生きている価値がない」といった価値観は見つけることができなかった。私の印象に残った彼女の嘆きは、意外にも私の母親に近いものだった。抜粋してみる。

ケアマネの「ネコアレルギー」の一言がきっかけで大好きなネコと会えなくなってしまった怒り。「時間になってもご飯も、目薬も、掃除も、持続吸引が吸い付いて変な音してても、、、なーーんもしない（原文ママ、以下同）」ヘルパーへの疑問。

管を「えずいてるのに更に奥に入れられ泣けてきた」ことに「生かされているのが怖く悲しいだけ！」という。

「虐待ヘルパー」には「気がおかしくなりそうで精神安定剤でやり過ごす」。

「暴力的で物を投げたり身体を乱暴扱われたりする」ことには「そんな時が一番死にたくなる」のだそうだ。

「医師は気持ちは分かると言うけれど現状を理解していると思わない　常に身体的苦痛・不快を抱え」ることに「ひとときも耐えられない」という。

医師に「飲食拒否の希望を伝えてから次の金曜の話し合いまで2週間やり切れない思いで待っている」。じっと2週間、会話を待つ。返事を待つ。どれほど長かろう。

そして身体の苦痛。

「5年近く右しか向いてなく、右耳の痛みに耐えきれず」だそうだ。

夜中に舌がつり、「数日間に渡って左に曲がったままで、ずっと舌を歯で噛《か》んでた」。

「寝てるのが不快、不自然。じっと寝てるのが不快、、今すぐ起きたい衝動にかられる」。

友人たちは、死を真剣に口にすると連絡が「パタリと途絶えた」「大半はスルー」。それを、「触らぬ神に祟《たた》りなし」と表現する。みじめで辛いと言うと、病気が「治ると信じてる」の返事。それを「この距離は縮みそうにないな」と。

もちろん、献身的なヘルパーや医師や友人への感謝も綴られている。寝たきり状態でも、テレビのスポーツ観戦で楽しもうと努力している姿も読める。

だが、苦痛の具体的な声を読むと、壮絶な介護期が見える。

「5年近く右しか」向かない寝たきり。「数日間」歯で舌を噛み続ける痛み。「今すぐ起きたい衝動」に耐える苦痛。それら身体的苦痛を医師が「理解しているとは思えない」ことや、友人が「治る」と言い、やがて去っていくことへの、持って行き場のない感情が文面からにじみ出る。

## 人間は本能で生きる努力をする

彼女の文章から見えたのは、専門家たちが言う「生産性のない人間」になってしまったことへの嘆きでもなく、障害があるから「前向きに生きられない社会」への怒りでもなかった。

彼女のストレスは私の母に似て、多くが身体的苦痛、ヘルパーへのストレス、医療不信だったと私はブログから読みとった。

彼女が死を実行した時は、瞼の筋肉が動かなくなり、目が開かなくなる直前だった。ヘルパーとの会話も、ブログへの投稿も、目を閉じてしまうことで意思表示の機会が奪われ、彼女から社会が奪われる瞬間だった。

彼女自身、「何をもって、自分という人間の個を守っているんだろう？」の解を「人とのコミュニケーション」と結論づけてもいる。

寝たきり高齢者を見ていて感じたことは、身体的苦痛をいかに取り除けるか、孤独という精神的苦痛をどう緩和するか、長い長い暇な時間を過ごす楽しみをどう提供できるかが大切、ということだった。

彼女もまた、ひとつひとつの苦痛をなんとか和らげようと努力していた。生きたさが、努力をさせていたのだ。

彼女自身、「早く終わりにしたい」と言いながら、栄養補助食品を摂取し、リハビリを受けることの「矛盾が解決できない」と書く。

死を願いつつ、生への努力をしている自分の矛盾に気づいている。人はどんな状況に陥ろうとも、生きる努力をするのだ。

　では、彼女は何に絶望したのか。私は環境要因も大きいと考える。彼女が死を具現化したのは、彼女の声を読む限りにおいて、身体的苦痛と精神的苦痛を緩和させる環境に恵まれなかったことではないかと私は推測する。

　そして単身の彼女の環境を構成した人たちとは、ＳＮＳを見る限り、医療スタッフ、ヘルパー、そして友人だ。

　ここに、一人きりで受ける介護の現実の一端を見ることができる。

　母はよく「医者はあかん。ああだこうだと言うだけ」と言っていた。また、ヘルパーに「下手くそ」とよく怒鳴った。ヘルパーの未熟さをＡＬＳの彼女もまた嘆いていた。

「その前に介護技術を磨いてね、と思うのが本音」という記述がある。

　一部上手なヘルパーもおり、すべてのヘルパーに対しての怒りでもない。この比率も母の時と似ている。もし、もっと技術や志のあるプロとしてのヘルパーがいたら、どうだっただろう。

人は「みじめ」くらいでは死を実行しない生き物だと思う。私の考えでは人間は「死を考えない仕組み」になっている。瞼の筋肉が動かなくなる直前まで発病から8年間を、彼女が生きようと努力したことがその証明だ。

## 「自分の苦しみを理解してもらえない」という孤独

「悔しくもあり愛おしくもあるこの身体。。。」という記述は、病身の全否定ではない。ALSを嘆いて死を希望したという単純な物語ではなく、実際はもっと複雑だ。生きようと努力したのに、苦痛のほうが増した。その苦痛とは何かが知りたかった。

彼女が安楽死を望んだ時、主治医は「日本では安楽死が法的に認められないことなどを伝え」たという記事があった。

彼女が聞きたい答えは、日本の法制度事情だろうか。「殺してほしい」という願いに「法律上、無理」が回答だったなら、そこにある「思い」は誰が引き受けてくれるだろう。

殺せ、を額面どおり聞き回答したなら、法律、となろう。でもそこには、殺してほしいくらい苦しい、生きるのが嫌になるほど苦しいという思いがまず先行してある。なら、殺せ、を文字どおりに受け取って回答することの愚を思わないではいられない。ブログに何が苦痛かが、ちゃんと書いてあるというのに。

すぐにでも解決できるレベルの苦痛も、散見される。患者が殺してほしいと言う時、それはつまり、私の苦しみを受け止める覚悟はお前にあるのか、と患者から医師に突きつける本気の思いがあろう。そんな時、日本の法制度の事情なんか聞きたくもないだろう、というのが私の想像だ。そういう返事は主治医のそれではなく、区役所の窓口程度の返事にも聞こえよう。

医師の仕事として難病患者に対応するなら、「殺してほしい」という要求に対して、逃げず、おじけず、そこにある切実さに、ヒリヒリするほどの綱渡りのような本気の会話が必要とされる。医師の一言が、絶望を生む。そういう職業だと、どれほどの医師が自覚しているだろう。

人間は死を考えない仕組みになっているのに死を強く願うのは、社会の価値観とか、病気の絶望といった〝頭で考えるイメージや想像〟がその理由ではない。

まぎれもなく、むき出しで今ここにある痛みや、今感じている孤独や寂寞《せきばく》、今この瞬間にある不快感だ。

5年間テレビの方向にだけ身体を向けておく、という状況を思うと、私には過酷な介護環境しか想像できないのだ。苦痛とは観念的なものじゃなく、もっとリアルに身近にある痛みに対してのものである。

事件後に、主治医がインタビューに答えている京都新聞の記事を抜粋する。

「約30人と支援チームを結成、（略）最適なケアの在り方について模索。ベッドのそばでクラシック音楽を生演奏したり、（略）猫や犬を連れてきたりしたといい、『彼女が生きるためにできることは何か、歯車を合わせる作業をずっと繰り返してきた』と振り返る」

この主治医の認識と、彼女が死ぬまで書き続けた声との距離感をどう読むか。

どちらが真実を述べているか、ではなく、あきらかに距離がある。落差がある。

その距離こそが、我々が読むべき、そこにあった現実だ。

死にたい、から、殺してほしい、に変わる臨界点とは、孤独なのだと私は読む。

## 弱者にカネをかけないツケは、やがて自分にくる

コロナの自粛期間明け、家から脱出したく百貨店の地下食料品売り場に行った。

ただでさえ、そういう思いの客でごったがえす地下だったが、その流れを決定的に止めているのが、全身寝たきりの介護ベッドのまま、ヘルパーにつき添われて地下食料品売り場に来ている患者の姿だった。

車椅子やベビーカーでも人の流れは止まる。ベッドごとになれば、まったく人は動けなくなった。その時、思った。

それでいい。これでいい。このベッドの人は、買い物を楽しみたいから来た。それを口にした患者も、それを叶えたスタッフにも拍手を送りたい気分になった。病者は迷惑をかける権利がある。健常者は協力する義務がある。買い物を楽しんでほしいと心から願った。

もし先のALSの女性が、このようにフツーに寝たきりのまんまで百貨店に買い物に来られていたら、もし、大好きなスポーツ観戦に出向けていたら、目が閉じたままでも聴覚は健常なのだからライブハウスに来られていたら、大勢の人たちの話の中に聴覚だけでも参加できていたら、そして医療スタッフたちが彼女の「死にたい」ほどの苦悩に関心を持って〝今ここにある苦痛〟を一個一個取り除こうと努力していたら、彼女は死を実行しただろうか、と思えてならないのだ。

ただ、日本の介護保険制度の年々の脆弱さを思えば、またヘルパー賃金の安さを思えば、これは極端な理想であって非現実的な提案だと私自身が身をもって理解もしている。

この事例は、日本の介護の現実がもたらした事件ともいえる。介護の社会的位置づけの低さ、低賃金は、日本という国で弱者になればどうなるかを理解できる事例でもある。彼女が何を怒り、何に絶望したのか、そこが見過ごされ、安楽死の是非論に発展し、彼女が願った死が、他の闘病患者を怒らせることになるという、やるせなさ。

確かに、彼女は身体の不自由を嘆いた。でも、それで死を願うならば、大勢の寝たきり高齢者も、それに近い状況のはずだ。

だが、母も父も「殺せ」とは言わなかった。父は言えなかった。

彼女はどういう状況下なら死を実行せずに済んだだろう、と突き詰めて考えることは、寝たきり高齢者はどういう状況下なら、穏やかな老後を終末期まで生きられるだろう、と模索することに通じる。

「寝たきり高齢者だから」という枠への閉じ込めは、死ぬのを待つだけの時間を提供してしまうことだ。高齢者施設しかり。母の携帯を誰も買わなかったことしかり。

同様に、「難病だから」という思考停止が健常者側にあると、「難病患者」という閉じ込めを周りの人間がしてしまうことになる。

症状が進んで目を開けていられなくなり、コミュニケーションがとれなくなる状態を「閉じ込め状態」と言うそうだ。なんと残酷なネーミングか。知覚も聴覚もまだ、健常だというのに。患者を閉じ込めているのは、周りの人間のほうではないか。

苦悩に積極的に介入することは、介護する側にはとても辛い行為だ。人生をしくじったと嘆く兄や母につき添うのは、「だから、今さら、私に何ができるっていうのよ」と、無力感や失意を生んだ。彼らの絶望がわが身に降りかかり、「なんでちゃんと人生を楽しんで生きてこなかったのか。もう手遅れじゃないか」と思うからだ。

身体介護は、身体のみならず、その人の人生とも深く関わり合う行為だ。そこで、プロの医師やヘルパーが、人生に関わり合う時間を割けなかったのだとしたら、身体だけの介護になってしまう。

じゃあ、この悲運を嘆く精神的苦悩には誰が寄り添ってくれるのか、の介護がない。

彼女を殺したのは加害者となった医師以前に、孤独である。孤独を作ったのは環境だ。環境は人が作る。その人を作り育てるのが、人材投資する国であり、我々の価値観だ。

年々減る介護サービスへの予算や賃金の安さは、私たちの価値観が作ったものだ。

価値観は、病気弱者や要介護者を真正面から見て、声を聞いて感じることからしか、変化しない。気づくことなしに価値観など変わらないのだ。

その病気弱者や要介護者を、私たちはどれほど大きく目を開けて見ているだろうか。

この環境下で、私もまた、将来、難病になり寝たきりになった時、死を願う私に真剣に寄り添える医師がおらず、私の楽しみや喜びに積極的に関与してくれるスタッフもおらず、一日中、テレビだけ見せられているならば、先のALSの彼女のように行動するだろう。

彼女に起きたことは、介護期の寝たきりの人たちの苦悩にも通じ、私たちにも学べることがある。

弱者にカネをかけなかった我々のツケは、自分もやがて弱者になった時に、キッチリ支払うのだと知っておくほうがいい。

## 不用意に老いるには危険すぎる日本社会

ぜひ、人生を謳歌してほしいと思う。

母は、人生丸ごと辛抱して生きた。暴力亭主と望まない子だくさんの家事育児に追われ、あっという間に84年の人生を閉じた。

母は健康な若い時期は、とても忙しい人生だったと思う。でも、それは母が望んだものじゃなかった。「違う」と思って生きていて、それでも、そこから逃げることもなく、唯々《いい》諾々《だくだく》と生きていたら、84年間もあったのにやりたいことを見つけられず、人生が終わってしまった。

長生きしたから「生きた」わけではなく、「大往生」したわけでもない。それは見送る側の、都合のいい免罪符だ。

私は父への憎悪を吐く母に対し、学生時代から「じゃあ、私があの男を殺そうか」と提案してきた。でも母は提案を無視して、憎しみの言葉を吐き続けた。父が死んでも、続いた。学生時代から介護期まで何十年と、私は母の人生への呪いと憎悪を聞いて、生きてきた。

やがて、呪うことそのものが、母の執着になった。「こんな家族、飛び出せば？」と提案しても、母は現状を死守した。

人生を呪う人は、決してその人生から逃げようとしない。鶏が先か卵が先か、と同じで、逃げないから呪わしいのであり、呪わしい人生に執着があるから、逃げられない。

人生を丁寧に生きることなく、他人事のように生きる。これは、老いる未来を実感し準備するということができず、他人事のように老いることと似ている。

今が他人事の人は、未来も他人事なのだ。

手放しで老いることは、今のこの時代と社会では、とてもリスクのあることだ。

「将来は施設にでも入りましょう」というイメージで、老いを捉えている人もいる。

だが、そこでの介護の質は想像しましたか？　動けない時、健常者と病者という、たったそれだけで生まれる強者と弱者の関係性。そこで安全や安心が確保されるという根拠はどこにありますか？

ニュースになる虐待だけが虐待ではない。ニュースにならない、被害者が声をあげない、健常者が気づかない、そこにある暴力めいた臭いのする関わりは、なんと名づけますか。怒ったら、〝そういう老人〟として片づけられることに耐えられますか。

今の時代、この社会で老いるには、ギリギリまで健常でいるほうが安全だ。

介護という現実を見つめ、思案すると、残念ながらそういう悲しい結論にたどり着く。

介護資源の乏しいこの国で老いる時、光を放つ唯一のものが、人生を謳歌したか否かだ。

時間は限りある資源だ。生産性のある人生や、成功への努力がいい人生だと言いたいのではない。終わりがあるから、丁寧にマメに生きましょう、と言いたいのだ。老いを先取りするためには、身体や精神のメンテナンスは若いうちからやっておいたほうがいい、という発想と同様、メンテナンスの範疇《はんちゅう》は、人生そのものにも及ぶ。

この人生しくじったな、と真実思うのであれば、何歳からでもやり直すマメさがいる。幸福感を持てない人生なら、辛い苦しい孤独だと思う人生なら、何でそう感じるのかを丁寧に自分で自分に問うてあげなきゃいけない。

医師やヘルパーが優しくないと怒る前に、じゃあ自分自身は自分に対して優しかったのか？　ヘルパーが自分を粗末に扱うと怒る前に、じゃあ、自分は自分を粗末にしてこなかったか？

積極的に躍動的に生きましょうと言いたいのではない。正直に素直に生きましょう、と言いたい。世界を股にかける活躍をしたからいい人生、ではない。静かで動きがない人生でも、それが自分の心に見合ったものなら、静かにその人なりに社会と関わることも可能だ。

活発な議論ではなく、静かな交流もある。安寧や静寂が穏やかな人生を刻んでくれるなら、それがいい人生なのだ。同様に、この静けさが寂しいと感じるなら、社会ともっと関わるべきだ。自分は何を辛く感じ、何にウキウキするのか、その声を聞き、声に従って、肉体が動かなきゃいけない。

## 「辛抱」は誰も幸せにしない

肉体には、老いという限りがある。人生にも、時間という限りがある。その両輪を長持ちさせて謳歌するには、まず、人生は有限であり、辛抱したからといって明るい未来を誰かが届けてくれるわけでも、それが約束されているわけでもない、ということを心に刻むことだ。

喋れず寝たきりになったが、それでも自分の好きに、正直に生きた人の介護はとても楽チンだった。父のそれだ。

ヘルパーさんが二人がかりで、父を無理やり立たせた時の写真がある。父は豪快な笑顔だった。久しぶりに立てただけで、これほど嬉しい。その笑顔を家族の誰かが写真に収めた。もう寝たきりだから寝かせておく、という介護ではなく、きっと立ちたいだろうから、たまに立たせてあげる介護。

先のALSの女性が「今すぐ起きたい」とあれほど声にしても、立たせてはもらえなかったことを思うと、父を立たせたヘルパーさんたちに感謝したい。豪快な笑顔は、父は寝たきりになっても人生を楽しんだ瞬間がある、という印象を私にくれた。

「楽しい」を永遠に追い求め続けることが、「生」なのだと思う。だから「辛抱」は、生きることと逆行している。

よく「辛抱しなさい」と説教されることがある。私は大反対だ。人生は、辛抱なんかしちゃいけない。辛抱していたら、あっという間に人生が終わってしまうからだ。

あなたの不幸は、あなた一人のものではない。介護期にあなたと関わる人にまでも、不幸の味わいを体験させてしまう。不幸な人の介護は、新たな不幸を生み、不幸を連鎖させかねない。

この書の冒頭に登場する介護の後遺症に泣く女性たちは、つまりは介護を機に、親の不幸が感染してしまった人たちなのだ。

それを断ち切るには「親たちは何をしくじったのか」を分析し、明確化することだ。

そうすることで、同じ轍《てつ》を踏まずに済む。

それはつまり、人は決して、「生」と逆行する「辛抱」なんかを生きてはいけないということ。

人生はおもろいもんだと父は知っていた。そういう人の見送りは心が楽だった。好きに生きて骨になった人ほど、見ている側に納得感をくれるものはない。

年若い子供を見送るのは辛いという。当然そうだろう。まだ何も経験していないのに人生が終わるのだから。

しかし、84歳になった親を見送っても、その人生がその人の納得する人生でなければ、年若い子供を見送るのと何が違うのだろう。人生を消化しきった父のことは、もうほとんど思い出すこともない。成仏とはこのことだなぁ、と感心している。

だが母や兄の言葉や姿は何年経っても、法事の必要がないくらい、私の心の奥底から消えることがない。彼らの肉体は死んでも、彼らの言葉がずっと私の脳裏に生き続け、「生きそこなった。なぜ？」と、問い続けるのだ。

私の親や兄だけど、私には子を失ったような、そんな手痛さが残る。

母や兄たちのしくじりを、私は繰り返さない。私は愉快に人生を生きてみせる。

将来どんな病床にあろうと、不運に見まわれようと、その中で私は毎日を必死で努力し、目標と楽しみを見出してやる。私は決して不幸を生きない。

要介護者が発した多くの言葉は、「好きに生きろ」というメッセージとなって、毎日のように私を駆り立てているから。

## 著者略歴

遙《はるか》 洋子《ようこ》

タレント・作家。大阪府生まれ。
一九八六年から八年間上岡龍太郎氏と組んで司会をした、
読売テレビ「ときめきタイムリー」で本格的にタレント活動を開始。
以降、バラエティ番組、討論番組で活躍すると同時に、執筆活動も始める。
父を介護した体験をもとに書いた『介護と恋愛』（ちくま文庫）は二〇〇六年、
ＮＨＫで「介護エトワール」としてドラマ化され、著者自ら脚本を執筆。
文化庁芸術祭参加作品に選ばれる。

幻冬舎新書 606

# 老いの落とし穴

二〇二〇年十一月二十五日 第一刷発行

著者 遙洋子
発行人 志儀保博
編集人 小木田順子
編集者 四本恭子
発行所 株式会社 幻冬舎
〒一五一―〇〇五一 東京都渋谷区千駄ヶ谷四―九―七
電話 〇三―五四一一―六二一一（編集）
〇三―五四一一―六二二二（営業）
振替 〇〇一二〇―八―七六七六四三
ブックデザイン 鈴木成一デザイン室
印刷・製本所 中央精版印刷株式会社


Printed in Japan ISBN978-4-344-98608-4 C0295
は-17-1
幻冬舎ホームページアドレス https://www.gentosha.co.jp/
*この本に関するご意見・ご感想をメールでお寄せいただく場合は、comment@gentosha.co.jp まで。

# 幻冬舎新書

曽野綾子

## 老いの僥倖《ぎょうこう》

年を取ることに喜びを感じる人は稀である。しかし「晩年にこそ、僥倖(思いがけない幸い)が詰まっている」と著者は言う。知らないともったいない、老年を充実させる秘訣が満載の一冊。

佐藤愛子

## 人間の煩悩

人はあらゆる煩悩にさいなまれるが、どうすればこれらの悩みから解放されうるのか？　波瀾万丈の日々を生きてきた著者が、九十二年の人生経験から、人間の本質を的確に突いた希望の書。

丹羽宇一郎

## 人間の本性

古今東西の哲学者は「人間とは何か」を探求し続けている。この深遠な問いに対し、伊藤忠商事元会長、元中国大使で稀代の読書家でもある著者が、その豊富な人生経験から考察した一冊。

勢古浩爾

## 人生の正解

著者いわく、まっとうな人生の条件とは「誠実」「力を尽くす」「負けない」の三つ。なぜ、そういえるのか？　読めば、不思議と生きるチカラが湧いてくる画期的人生論。

# 幻冬舎新書